중등수학교육과
창의적 논술지도

박제남 지음

KM 경문사

머리말

일선 학교에서 최근 자유학기제 전면시행이나 창의·융합 능력을 강조하는 교육변화로 인하여 사범대학에서는 예비교사를 지도하는 데 많은 변화가 일고 있다.

이를 위하여 대학에서도 융·복합 지도를 위한 교과목이 신설되고 학교현장을 이해하기 위한 다양한 교수법의 시도가 진행 중이다. 향후 수학교사로서 필요한 덕목으로 요구되는 것은 독서를 기반으로 강의교안을 제작하는 능력과 이를 바탕으로 학생들과 의사소통을 통하여 학생들이 읽고 쓰고 아이디어를 토론하는 기회를 만들어 주는 능력이라고 판단한다. 이를 위하여 예비교사들은 수학을 기능면에서 '언어'로 보고 목적면에서 '수학문화'로 이해하는 안목을 키워야 한다. 여기서 필자가 말하는 수학문화란 '수학의 사용 또는 가치추구와 관계가 있는 문화'를 의미한다. 따라서 예비교사들은 역사, 문화, 예술, 그리고 수학내용과 관련된 많은 책과 논문을 접해야 하며 이를 학생지도에 접목할 수 있는 교수·학습능력을 재학 중에 접하고 키우는 노력을 해야 한다.

본 교재는 대학 '수리논리 및 논술 지도' 관련 과목을 한 학기 동안 강의하기 위하여 제작되었다. 분량은 총 16강으로 구성하였으며 다양한 독서와 논문 읽기를 요구하고 이를 토대로 가능한 수식사용 없이 1200자 정도로 자신의 의견을 제시하는 과제를 주로 요구하고 있다. 필요한 책을 수강학생들이 자신의 돈을 주고 구입하거나 동시에 정해진 책을 도서관에서 대출받는 것이 어려운 것이 현실이지만 수학 관련 서적을 접하는 것은 아무리 강조해도 지나침이 없다고 생각한다.

교재 내용의 전체적인 흐름은 수학문화가 고대 이집트, 메소포타미아에서 고대 그리스로 그리고 아랍(바그다드)을 거쳐 유럽으로 전이되는 데 두고 있으며, 특히 고대 이집트와 고 바빌로니아 수학을 강조하였다. 이와 같은 필자의 논조는 사범대생들이 교사가 된 후에 주로 유럽 중심의 수학 내용 교과서를 접하게 되므로 역사적 편견에서 벗어나 학생들을 가르치는 데 도움이 될 것이라고 판단된다.

끝으로, 졸고를 흔쾌히 출판해주신 경문사 조경희 사장님께 깊은 감사의 말씀을 드린다.

2017년 2월

박제남

차례

01 쿠푸왕의 대 피라미드

Keywords 이차곡선, 이차방정식, 타원과 초점, 알 카시의 코사인 정리, 유클리드 사각형, 타원, 정적분

제시문

가 2016년 5월 25일부터 6월 27일까지 루브르박물관 내 나폴레옹 광장에 설치예술가 JR의 작품 〈temporally disappear〉가 I.M. 페이(I. M. Pei)의 유리 피라미드 한 면에 전시되었다.

당시 많은 사람들은 페이의 유리와 금속 건물이 16세기 건축의 보석을 망칠 것이라고 말하면서 이 프로젝트에 반대했다.

[그림 1-1] 루브르박물관 유리 피라미드와 사영기하학. Photo: J. Park

27년 후, 피라미드는 이 도시에서 가장 많이 배경으로 촬영된 기념물 중 하나가되었고 파리의 근대성과 대담함의 상징으로 파리 사람들에게 소중히 여겨져왔다. 예술가 JR은 The Wall Street Journal과의 인터뷰에서 "피라미드가

설계되고 건축된 1980년대 프랑스 사회를 분열시킨 모더니즘에 관한 논쟁이 재 점화되기를 희망한다."고 말했다. Pei는 쿠푸왕의 대 피라미드를 나폴레옹 광장에 대략 1/6.5 정도로 축소 설치한 것이다.

나 이집트 수도 카이로에서 남서쪽으로 13km 떨어진 기자의 사막고원에 위치한 세계 7대 불가사의 중 하나인 '쿠푸왕의 대 피라미드'가 있다. 이 피라미드를 짓는 데 들어간 돌의 전체 무게는 약 5900만 t으로 추정되고 있는데, 이 돌들은 과연 누가 어떻게 옮긴 것일까. 카이로에 위치한 이집트 박물관은 2016년 7월 14일부터 고대 이집트 피라미드 건축가의 일상 생활이 기록된 파피루스 고문서를 공개했다. 이 파피루스 고문서에는 '쿠푸왕 피라미드'의 건설을 위해 거대한 석회암을 카이로로 운반하는 역할을 맡은 항구 노동자들의 일상생활이 기록돼 있다.

AP Photo/Amr Nabil

이 파피루스 문서는 지난 2013년 홍해 항구 도시인 와디 엘-자르프에 위치한 동굴에서 발견됐으며, 발견된 30개 중 6개가 이번 전시에서 공개됐다.

한 파피루스에는 당시 이집트 관리였던 '메러'라는 사람이 작성한 것으로, 그는 피라미드 건축에 관한 통계와 자신의 업무에 대해 상세히 기록했다. 문서에 의하면 그는 약 40명으로 구성된 팀을 이끌었는데, 피라미드 건축 노동자들에게 공급할 음식물을 이집트 여러 지역에서 공수한 것과 그들의 급료 등에 대해 적혀 있다. 문서에는 피라미드 건축 노동자들이 석회암을 나일강 동쪽에 위치한 채석장에서 나일강 운하를 통해 기자 쿠푸왕 피라미드로 석회암을 운반한 것으로 기록돼 있다. 또한 파피루스에는 '마르'라는 이름의 피라미드 건축가에 대한 기록이 있는데, 그는 3개월간 일을 했으며 그의 임무는 나일강과 운하를 통해 돌을 운반하는 일이었다. 또 다른 파피루스에는 노동자들에게 음식물로 제공한 양에 대한 기록이 있는데, 이집트 상형문자로 양의 숫자가 표시돼 있다.

[카이로=AP/뉴시스]

다 쿠푸 왕의 피라미드(밑면의 모서리의 길이는 230m, 높이는 146m)[1)]에서 밑면의 모서리의 길이를 $2d$, 옆면인 삼각형의 높이를 l이라고 하면 $l^2 = d^2 + h^2$이므로 $l = \sqrt{115^2 + 146^2}$이고 따라서 계산기를 사용하여 구하면 $l = 185.8$ 이다. 옆면 삼각형의 넓이를 계산해보면 $\frac{1}{2} \times 230 \times 185.85 = 21372.75$로 이 값은 높이의 제곱인 21316과 $\pm 2\%$ 내에서 같다.

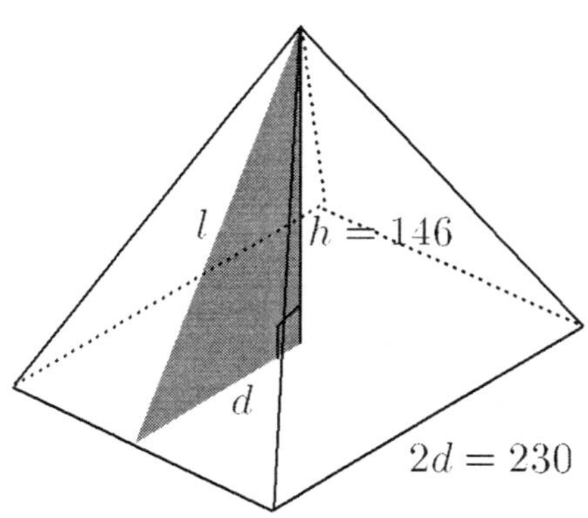

[그림 1-2] 쿠푸왕의 대 피라미드

페트리의 피라미드 측량을 바탕으로 고대 이집트인들은 다음과 같은 원리로 쿠푸왕의 대 피리미드를 건축했다고 가정할 수 있다.

---

1) Col. S. Beard, The Fibonacci Drawing Board-Design of the Great Pyramid of Gizah, The Fibonacci Quarterly, Vol. 6, (1968) 66-68.

[가정 1] 피라미드의 밑면은 정사각형으로 건축한다.
[가정 2] (피라미드 옆면의 넓이) = (높이)^2 으로 건축한다.

라 유클리드의 명제 11(유클리드, 원론, Book II)을 사각형으로 옮겨 알아보자.

한 변의 길이가 1인 정사각형 $ABCD$에서 M을 선분 AB의 중점이라 하면 $MD = ME$인 직사각형 $AEFD$를 얻고 이로부터 $AE/AB = AB/BE$, $AE = (1+\sqrt{5})/2$, 그리고 $BE = (-1+\sqrt{5})/2$이다.

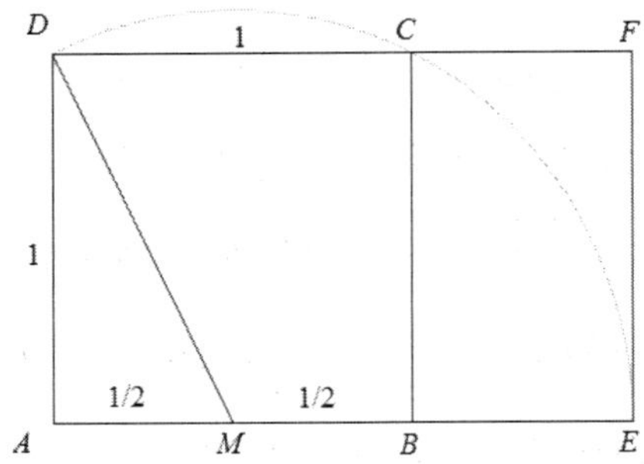

[그림 1-3] 유클리드 사각형

사각형 $AEFD$를 유클리드 사각형이라 부르자. 유클리드는 $(1+\sqrt{5})/2 \fallingdotseq 1.618$을 'the extreme and mean ratio'로 정의하였다. 유클리드가 사용한 용어는 여러 학자들, 예를 들면, Abu Kamil(850-930), Al-Biruni(973-1050), Gerard of Cremona(12세기), Fibonacci(1220), Zamberti(1516), Gryaneus(1533), Clavius(1579)로부터 번역되어 왔는데 이들이 번역한 "전체를 큰 것으로 나누고, 큰 것을 작은 것으로 나눈다(middle and two ends)"에 근거하여 우리는 '극대와 극대가 아닌 비'로 번역하며 단순히 계산 과정만을 참고하면 '외항과 내항의 비'로 번역할 수도 있다[2].

---

2) R. Herz-Fischler, A mathematical history of division in extreme and mean ratio, Wilfire Laurier University Press, Ontario (1987)

논제 1 위 [가정 2]로부터 $\frac{l}{d}$에 관한 방정식을 만들어 이 값을 구하여라(이 값을 '극대와 극대가 아닌 비'라 부르고 ϕ로 표시하자).

논제 2 논제 1에서 $\frac{l}{d}=\phi$ 이므로 $l=1$로 놓으면 밑면의 모서리의 길이의 절반인 d는 ϕ의 역수가 된다. 이를 카파(k)로 놓자. 즉, $k=\frac{1}{\phi}$이다. 이때, 피라미드의 단면에서 높이가 $\sqrt{k}$임을 보여라.

논제 3 피라미드의 단면, 옆면, 밑면을 모두 한 그림에 나타내면 다음과 같다. 다음 그림에서 $(\pm k, 0)$, $(0, \pm 1)$을 지나는 타원의 식과 초점의 좌표를 구하여라.

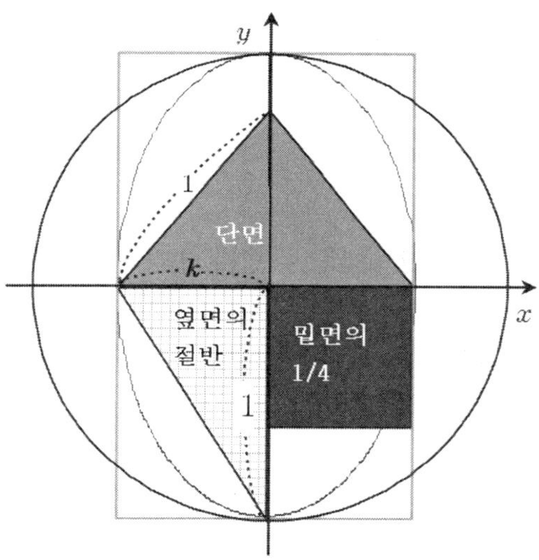

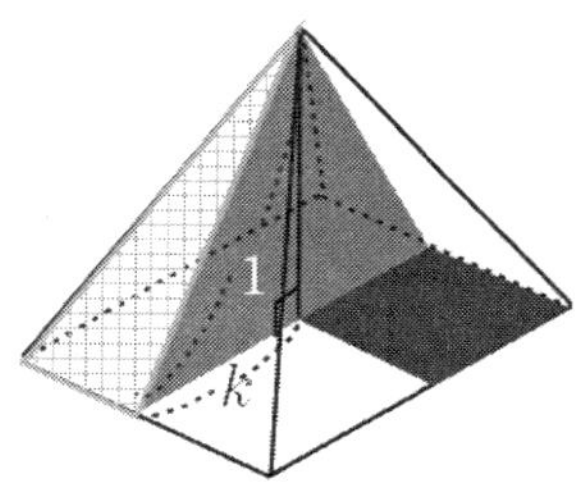

논제 4 $l=1$로 놓았을 때, 반지름의 길이가 1인 원에 내접하는 정오각형의 한 변의 길이가 피라미드 옆면의 모서리의 길이와 같음을 보여라. $\cos(2\pi/5)=(\sqrt{5}-1)/4$ 또한 독자들은 보이기 바란다.

논제 5 쿠푸왕의 대 피리미드를 유클리드의 사각형에서 출발하여 작도해 보자.

논제 6 정적분을 이용하여 쿠푸왕의 대 피라미드의 부피를 구하여라.

논제 해설

논제 1 [가정 2]로부터 얻은 $dl = h^2$을 식 $l^2 = d^2 + h^2$에 대입하면 $(l/d)^2 = 1 + l/d$, $l/d = (1+\sqrt{5})/2$이다. 이 값은 '극대와 극대가 아닌 비'가 된다. 따라서 당시 ϕ를

$$\phi = l/d = 185.85/115 \fallingdotseq 1.616$$

으로 알고 있었을 것으로 추측할 수 있다.

논제 2 피라미드의 단면에서 높이는 $\sqrt{1-k^2}$이다. 이때, $\phi^2 - \phi - 1 = 0$에서 $k = \dfrac{1}{\phi}$ 이므로 $1/k^2 - 1/k - 1 = 0$ 즉, $k = 1 - k^2$이므로

$$\sqrt{1-k^2} = \sqrt{k}$$

이다.

논제 3 타원의 식은 $x^2/k^2 + y^2/1^2 = 1$이므로 타원의 초점은

$$(0,\ \pm\sqrt{1-k^2}) = (0,\ \pm\sqrt{k})$$

로 초점은 피라미드의 높이를 나타낸다.

논제 4 다음 어두운 삼각형에

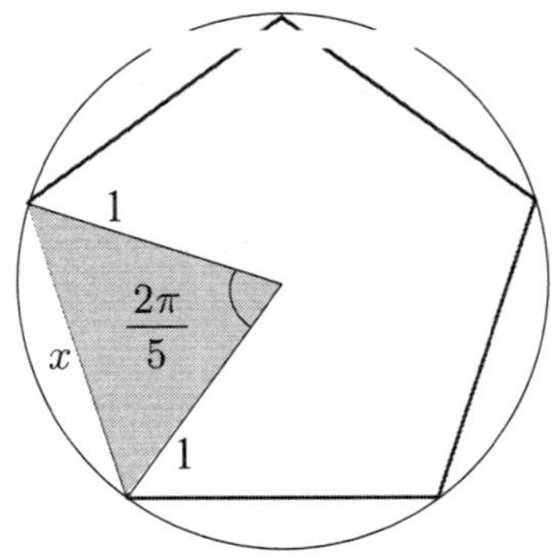

알 카시의 코사인정리를 사용하면

$$x^2 = 1+1-2\cos(2\pi/5) = 2-(\sqrt{5}-1)/2 = 1+(1-k) = 1+k^2,$$
$$x = \sqrt{1+k^2}$$

따라서 정오각형의 한 변의 길이는 $\sqrt{1+k^2}$ 으로 위의 피라미드 옆면의 모서리의 길이와 같다.

논제 5 $1 = AB = BC = BG$ 일 때, 다음을 얻는다.

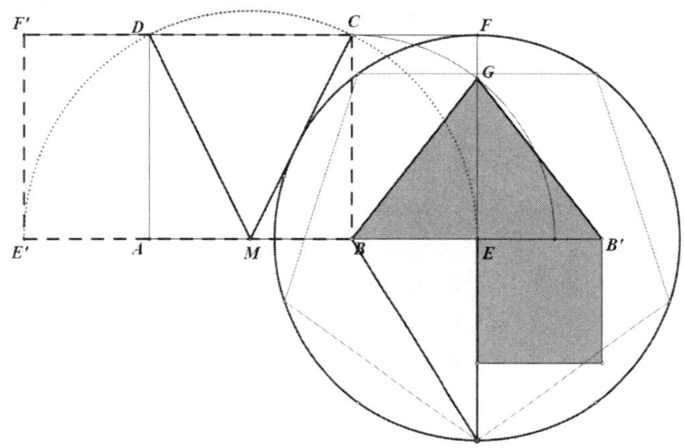

논제 6 밑면에 평행한 평면으로 자른 단면의 넓이를 $S(x)$라고 하면 아래 그림에서 $x^2 : 146^2 = S(x) : 230^2$ 이므로 $S(x) = \dfrac{230^2}{146^2}x^2$ 이다. 정적분의 정의에 의하여 피라미드의

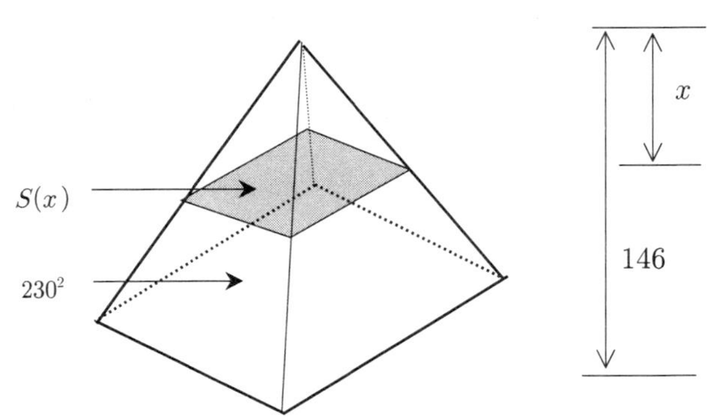

부피는

$$(\text{부피}) = \int_0^{146} \frac{230^2}{146^2} x^2\, dx = \frac{230^2}{146^2} \frac{1}{3} 146^3 \;\; = \frac{146 \times 230^2}{3}$$

이다.

글쓰기 주제 및 과제

1. 예술가 JR이 사영기하학(projective geometry)을 사용하여 '피리미드 잠시 감추기'를 시도한 의도에 대하여 인터뷰

   Inti Landauro, Street artist JR makes Louvre Pyramid disappear, The Wall Street Journal, May 24 (2016)

   를 참고하여 자신의 의견을 1000자로 나타내보자. 특히, 건축사에 대하여는

   《패트릭 넛겐스(윤길순 옮김), 건축이야기, 동녘, 2003》

   등을 참고하여 보자.

2. 제시문 (가)에서 살펴 본 대로 I.M. 페이는 나폴레옹 광장에 유리 피라미드를 설치한다. 프랑스인들이 이집트의 피라미드를 루브르광장에 설치하도록 허락한 이유는 무엇인지 다음 책을 참고하여 자신의 의견을 1000자로 나타내보자.

   《로베르 솔레(이상빈 옮김), 나폴레옹 이집트 원정기, 아테네, 2013》

3. Artist JR이 사용한 사영기하학에 대하여 알아보자.

4. Artist JR이 WSJ과의 인터뷰에서 언급한 '모더니즘 논쟁'에 대하여 알아보자.

02 뉴턴의 원뿔대

Keywords 이차방정식, 원뿔대, 피라미드, $x^2-x-1=0$, $x^2-px-1=0$, 일반화된 피라미드, 유클리드 사각형

제시문

㉮ 독자들이 Apollo 11 사령선(Command Module Columbia)을 보았을 때, "원뿔대(frustum) 모양을 한 이유가 무엇일까?" 의문을 제기할 것이다[1]. 1687년 뉴턴은 그의 저서[2]에서 다음과 같이 원뿔대를 언급하고 있다.

http://www.nasm.si.edu

「원뿔대의 큰 원의 지름(중심 : O)을 BC로 하고 작은 원(중심 D)의 지름을 FG, 그리고 원뿔대를 연장했을 때, 원뿔의 꼭짓점을 S라 하자. 원뿔대가 $\overrightarrow{OS}$ 방향으로 진행할 때, OD의 중점 Q와 C를 연결한 길이가 QS와 같으면 저항이 최소가 된다.」

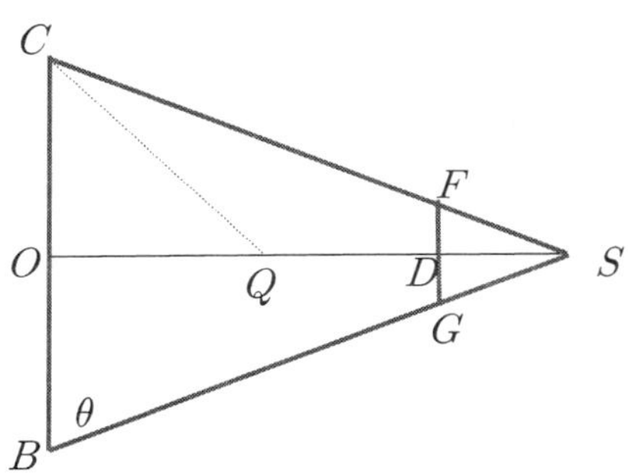

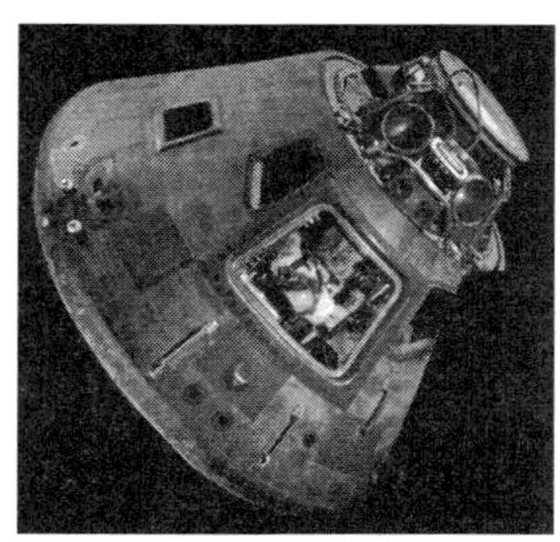

[그림 2-1] 아폴로11호 사령선

---

1) J. Cruz-Sampedro and M. Tetlalmazi-Montiel, POEM's and Newton's Aerodynamic frustum, The Coll. Math. J., Vol. 41(2), (2010) 145-153.

2) I. Newton, The principia: Mathematical principals of natural philosophy(Trans: I. Cohen and A. Whitman), Univ. of California Press, 1999.

나 Apollo 11 Command Module, Columbia의 크기는 지름이 391.2cm이고 높이가 322.6cm이다[3].

다 쿠푸왕의 대 피라미드는 $(\text{높이})^2$ = (피라미드 옆면의 넓이)로 건축되었다는 것은 현재 통용되고 있는 일반적인 견해이다. 이를

$$(\text{높이})^2 = p \cdot (\text{피라미드 옆면의 넓이}) \ (p > 1\text{인 유리수})$$

로 일반화하고 이와 같은 관계를 갖는 피라미드를 '일반화된 피라미드(a generalized pyramid)'라 부르자[4].

논제 1 제시문 (가)에서 $OC = OD = r$일 때,

(1) $\tan\theta = \dfrac{1+\sqrt{5}}{2}$를 증명하여라. 여기서 $\theta = \angle SBO$이다. 이때, $\tan\theta = \phi$로 쓰기로 하자.

(2) 원뿔대의 작은 원의 반지름의 길이를 r과 ϕ로 나타내어라.

논제 2 방정식 $x^2 - x - 1 = 0$의 양의 근을 ϕ로 사용하였다. 양의 실수 p에 대하여 방정식

$$x^2 - px - 1 = 0$$

의 양의 근을 ϕ_p로 나타내자. 따라서 $\phi_1 = \phi$이다. 뉴턴이 언급한 내용에서 $OC = r$, 그리고 $OD = p\,OC$라 하자.

(1) $\tan\theta = \phi_p$임을 증명하여라.

(2) 원뿔대의 작은 원의 반경을 r과 ϕ_p로 나타내어라.

논제 3 뉴턴의 원뿔대를 직사각형(두 변 OC, OD)에서 밑변의 중점으로부터 시작한 작도로 설명하고 특히, 제시문 (나)에서 주어진 아폴로 11호의 사령선을

---

3) https://airandspace.si.edu/collection-objects

4) 박제남, 황금비와 수학교육 담론, 한국수학교육학회지 시리즈 E <수학교육 논문집> Vol. 28(2) (2014) 281-302.

작도하여라.

논제 4 제시문 (다)에서 정의한 일반화된 피라미드는

$$(\text{높이})^2 = p \cdot (\text{피라미드 옆면의 넓이}) \quad (p > 1\text{인 유리수})$$

이다. $\frac{l}{d}$의 값을 구하여라. 여기서 d는 일반화된 피라미드 밑면의 한 변의 길이의 반이고 l은 일반화된 피라미드 옆면 삼각형의 높이이다(1주차 강의 참고).

논제 5 뉴턴의 원뿔대와 일반화된 피라미드를 함께 작도하여라.

논제 해설

논제 1 (1) $OQ = \frac{r}{2}$ 이고 $QS = QC = \sqrt{r^2 + \frac{r^2}{4}} = \frac{\sqrt{5}}{2} r$

따라서

$$OS = OQ + QS = \frac{r}{2} + \frac{\sqrt{5}}{2} r = \frac{1 + \sqrt{5}}{2} r = \phi r$$

을 얻고

$$\tan\theta = \frac{OS}{r} = \frac{1 + \sqrt{5}}{2} = \phi$$

(2) 원뿔대의 작은 원의 반지름의 길이를 r^*로 쓰면 다음과 같다.

$$\phi = \tan\theta = \frac{\phi r - r}{r^*}, \quad r^* = \left(1 - \frac{1}{\phi}\right) r = \frac{r}{\phi^2}$$

논제 2 (1) 조건에 의하여

$$OQ = \frac{OD}{2} = \frac{pr}{2}, \quad QS = QC = \sqrt{r^2 + \frac{p^2 r^2}{4}} = \frac{\sqrt{p^2+4}}{2} r$$

또는

$$OS = OQ + QS = \frac{pr}{2} + \frac{\sqrt{p^2+4}}{2} r = \frac{p + \sqrt{p^2+4}}{2} r$$

따라서

$$\tan\theta = \phi_p$$

를 얻는다.

(2) 정의에 의하여

$$\phi_p^{\,2} = p\,\phi_p + 1\,;\ \text{또는}\ 1 - \frac{p}{\phi_p} = \frac{1}{\phi_p^{\,2}}$$

원뿔대의 작은 원의 반지름의 길이를 r^*로 쓰면,

$$\phi_p = \tan\theta = \frac{\phi_p r - pr}{r^*}, \quad r^* = \left(1 - \frac{p}{\phi_p}\right) r = \frac{r}{\phi_p^2}$$

논제 3 사각형 $ABCD$에서 선분 AB의 중점을 M이라 하자. 이때, $MD = ME$이고 따라서 밑면 반지름이 AD이고 높이가 AB인 사령선의 크기에서 $AD = 1$로 치환하면 이에 따른 비율에 의하여 사령선이 결정된다. 한편, 아폴로 11호 사령선은 $AD = 1$일 때, $p = (2 \times 322.6)/391.2 \fallingdotseq 1.65$이다. 따라서 $p = 1.65$로 사령선의 항공역학(aerodynamics)적 구조가 결정된다.

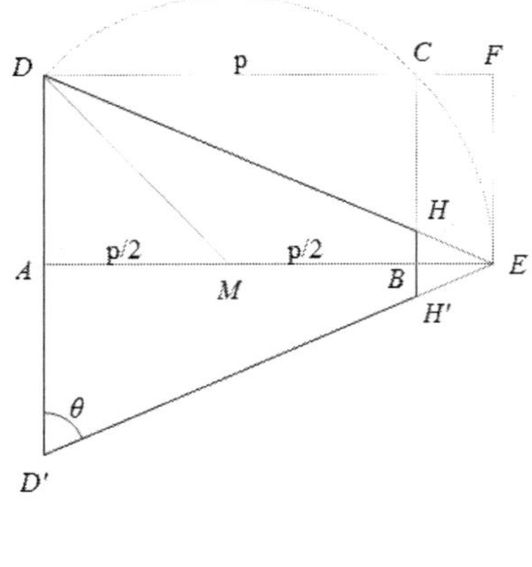

논제 4 (높이)$^2 = p$ · (피라미드 옆면의 넓이)에서 $h^2 = pdl$이고 대각선 성질(또는 피타고라스 정리)에서 $l^2 = h^2 + d^2$이므로

$$\left(\frac{l}{d}\right)^2 - p\left(\frac{l}{d}\right) - 1 = 0$$

을 얻는다. 따라서 $\frac{l}{d} = \phi_p$이다.

논제 5 반지름을 $AD = 1$로 할 때, 높이가 p인 뉴턴의 원뿔대와

$$(\text{높이})^2 = p \cdot (\text{피라미드 옆면의 넓이})$$

인 일반화된 피라미드를 작도하면 다음과 같다. 특히, $BC = BG = 1$이고 $1/BE$는 방정식 $x^2 - px - 1 = 0$의 근이다. 또한, $AE = 1/BE$이다. 즉, $AE = (p + \sqrt{p^2+4})/2$의 역수는 $BE = (-p + \sqrt{p^2+4})/2$이다.

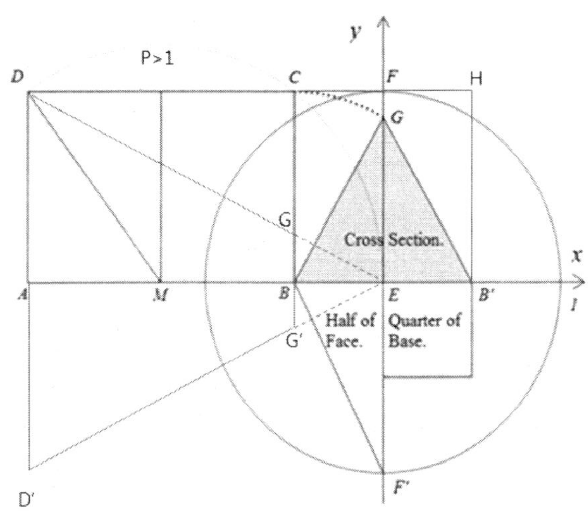

글쓰기 주제 및 과제

1. 다음 표는 이차방정식, 유클리드 사각형, 뉴턴의 원뿔대, 쿠푸왕의 대 피라미드를 같은 시각에서 일반화한 것이다. 이를 바탕으로 강의 교안을 2차시로 작성해보자.

<table>
<tr><th colspan="2">이차방정식</th></tr>
<tr><td>$x^2 - x - 1 = 0$</td><td>$x^2 - px - 1 = 0 \ (p > 1)$</td></tr>
<tr><td>$\phi = \dfrac{\sqrt{5}+1}{2}$</td><td>$\phi_p = \dfrac{\sqrt{p^2+4}\ + p}{2}$</td></tr>
<tr><th colspan="2">유클리드 사각형</th></tr>
<tr><td>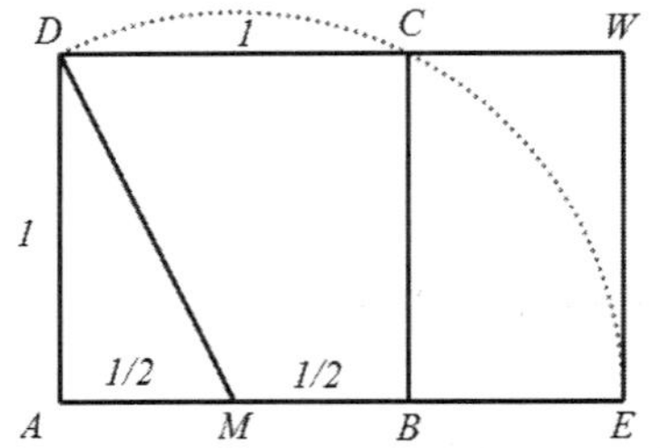
</td><td>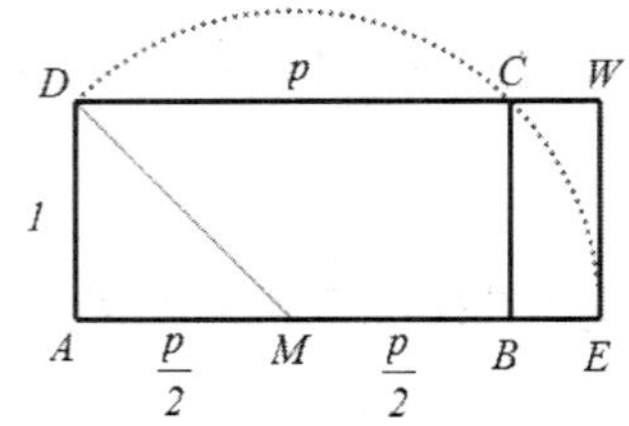
</td></tr>
<tr><th colspan="2">뉴턴의 원뿔대</th></tr>
<tr><td>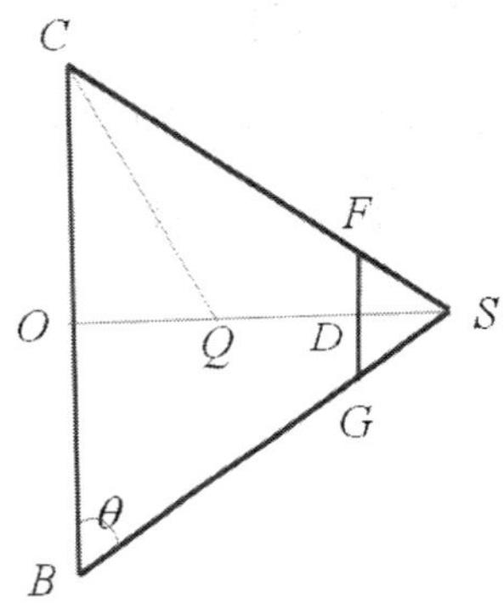
</td><td>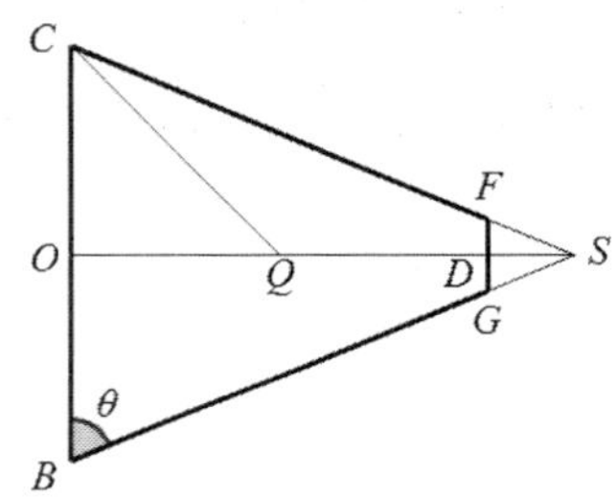
</td></tr>
<tr><th colspan="2">쿠푸왕의 대 피라미드</th></tr>
<tr><td></td><td></td></tr>
</table>

03 동적조화(Dynamic Symmetry)

Keywords 동적조화, 유클리드 사각형, 피보나치 수열

제시문

가 유클리드 《원론》의 원본은 전해지지 않으며 1800년대까지의 라틴어나 영어판은 그리스의 주석가인 Theon(알렉산드리아, 4세기)의 기록에 거의 의존하여 발간되었다. 1808년 테온의 것 보다 좀 더 오래된 나폴레옹이 전유했던 바티칸 문서가 발견되었으며 이 문서를 기초로 학자들은 현재의 텍스트를 완성하였다.[1] 유클리드는 그의 원론에서 모두 세 가지 형태로 '극대와 극대가 아닌 비(the extreme and mean ratio)'를 소개하고 있다. 다음은 이차방정식 $x^2 = a(a-x)$를 구하는 문제이다(Book II, Proposition 11)(참고: Book XIII, Proposition 1, 2, 3). 특히, Book XIII의 Proposition 1, 2, 3은 Eudoxus(408-355 B.C.)의 업적으로 여겨지고 있다[2].

한 변의 길이가 a인 정사각형 ABDC에서 선분 AB를 H에서 등분하여 정사각형 $AHGF$의 넓이가 직사각형 $HBDK$의 넓이가 같은 점 H를 구하여 보자.

E를 선분 AC의 중점이라면 $BE = \frac{\sqrt{5}}{2}a$이다. BE와 같은 길이를 EF로 잡자. AF를 한 변으로 하는 정사각형을 만들어 만나는 점을 H라 하자.

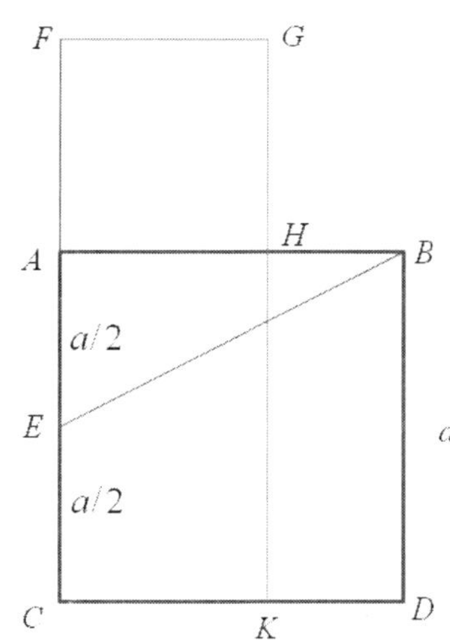

[그림 3-1] 유클리드 사각형

1) D. Burton, The history of mathematics, McGraw-Hill, 6th ed. 2007(pp.145)
2) F. Cajori, A history of mathematics, 5th ed. AMS, 1991(pp.28).

정사각형 $AHGF$의 넓이가 직사각형 $HBDK$의 넓이와 같다. 이때,

$$CF = a + \frac{\sqrt{5}-1}{2}a = \frac{a(1+\sqrt{5})}{2}$$

특히 $a=1$일 때, $CF = \frac{(1+\sqrt{5})}{2} = \phi$ 이다.

다음은 Book VI, Proposition 30으로 이에 대한 일반화를 위하여 약간 변형을 하여 소개하겠다(제1강 참고).

To cut a given finite straight line in extreme and mean ratio.

한 변의 길이가 1인 정사각형 $ABCD$에서 먼저 AB의 중점 M에서 선분 MD를 M을 중심으로 원을 그려 선분 AB의 연장과 만나는 점을 E라 하자. 이때

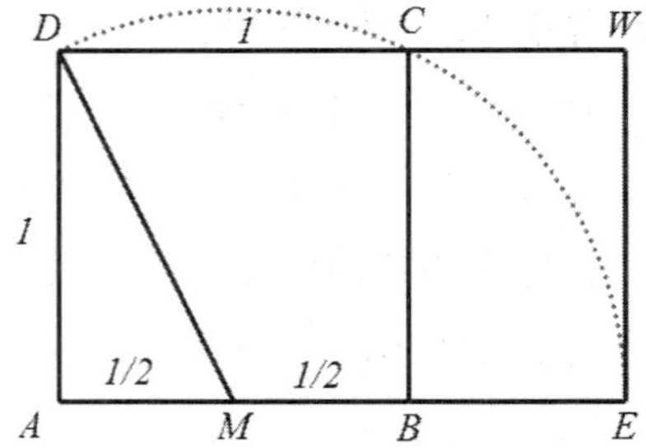

[그림 3-2] 유클리드 사각형

$$MD = ME = \frac{\sqrt{5}}{2},$$

$$AE = \frac{\sqrt{5}+1}{2} = \phi,$$

$$BE = \frac{\sqrt{5}-1}{2} = \frac{1}{\phi}$$

따라서

$AE/AB\,(extreme) = AB/BE\,(mean)$

나 Hambidge는 동적조화(dynamic symmetry)를 디자인 구성에서 넓이의 관계를 설정하는 방법(a method of establishing the relationship of area in design-composition)으로 정의하며 그 기원을 고대 이집트에 두고 있다[3]. 헤로도토스가 《역사》(Book II. 109)에서 기하학의 근원을 이집트로 언급한 것과 같은 맥락이다[4].

---

3) Hambidge, J. (1920). Dynamic symmetry: The Greek vase, New Haven: Yale Univ. Press.
4) Herodotos. (2012). 역사(천병희 옮김), 경기도: 도서출판 숲.

사제들에 따르면 왕은 또 국토를 나누어 전 아이귑토스인들에게 같은 크기의 네모난 땅을 주고 해마다 소작료를 받아 세수를 충당했다. 받은 땅의 일부가 강물에 떠내려갔을 경우 당사자는 왕을 찾아가 신고했다. 그러면 왕이 조사관들을 파견해 할당된 땅이 얼마나 줄었는지 다시 측량하게 하여 땅이 줄어든 만큼 소작료를 줄여주었다. 내 생각에, 그런 연유로 기하학이 창안되어 헬라스로 수입된 것 같다. 해시계와 해시계의 바늘로 하루를 12부분으로 나누는 지식은 헤라스인들이 바빌론인들에게 배웠기에 하는 말이다.

다 다음은 유클리드 사각형의 작도와 이를 대각선과 대각선에 수직인 수선을 그린 것이다.

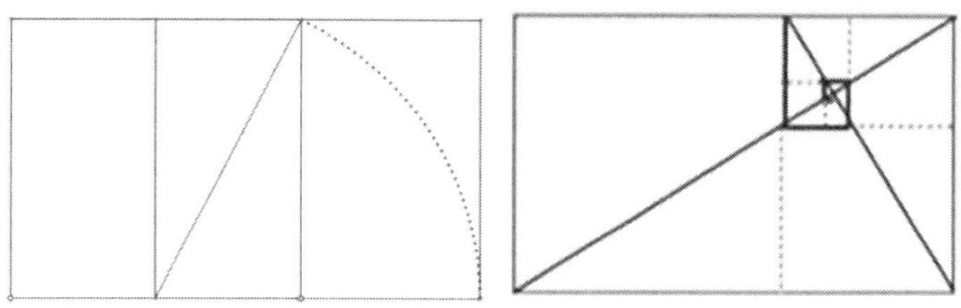

[그림 3-3] 유클리드 사각형과 대각선

라 수열 1, 1, 2, 3, 5, ... ($f_{n+1} = f_{n-1} + f_n$, $f_0 = f_1 = 1$)을 피보나치 수열이라 부른다.

[그림 3-4] 피보나치 수열. Photo: J. Park

변의 길이가 1, 2, 3 등으로 양의 정수인 정사각형에 대하여 "정사각형 이웃하여 붙이기"는 이웃하여 놓은 모양이 직사각형을 유지해야 한다.

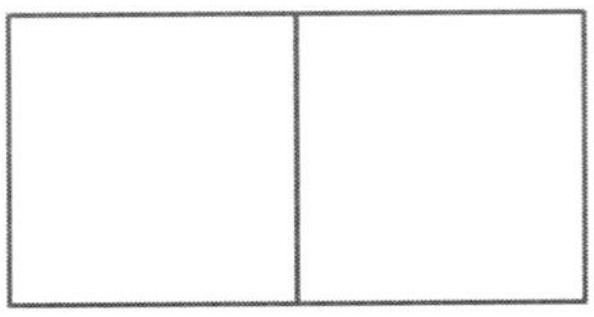

이제, 한 변의 길이가 1인 정사각형에서 시작하여 정사각형을 붙여보자. 단, 한 번 사용한 크기는 다시 사용할 수 없다.

논제 1 제시문 (다)에서 수선인 대각선이 상단과 만나는 점이 처음 주어진 정사각형의 모서리임을 보여라.

논제 2 독자가 가지고 있는 신용카드 또는 교통카드 등을 동적조화로 해석해 보자. 이를 위해서는 모눈종이, 콤파스, 삼각자가 필요하다.

논제 3 Miles van der Rohe의 작품 Illinois Institute of Technology Chapel (1949-52)[5]을 설명하여라.

논제 4 폭스바겐의 Beetle(Mays, Thomas, and Schreyer, 1997)을 동적조화로 설명하여라[6].

논제 5 제시문 (라)를 따라서 정사각형을 붙여보자. 이와 같은 방법으로 논제 3, 논제 4를 재해석해보자.

---

5) Kimberly Elam, Geometry of design, 2nd. ed. PAP, 2011
6) Kimberly Elam, Geometry of design, 2nd. ed. PAP, 2011

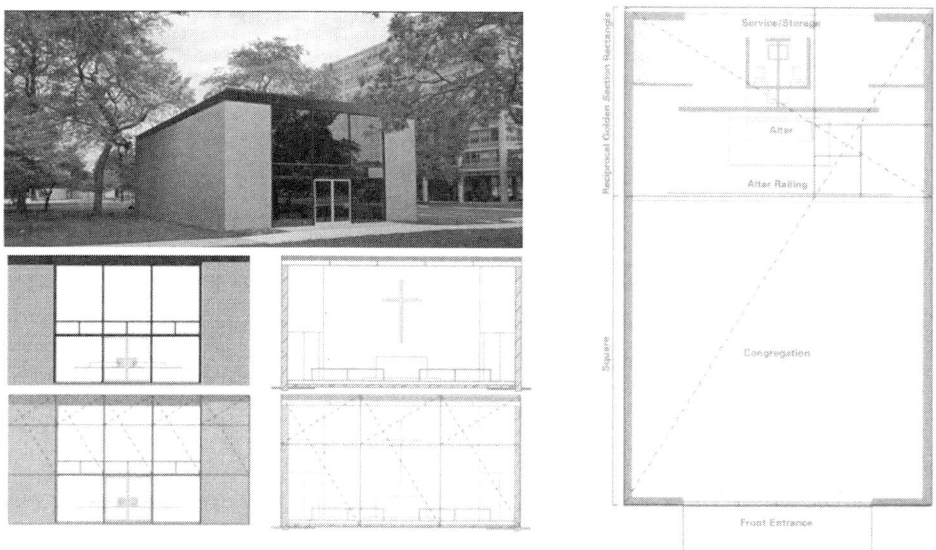

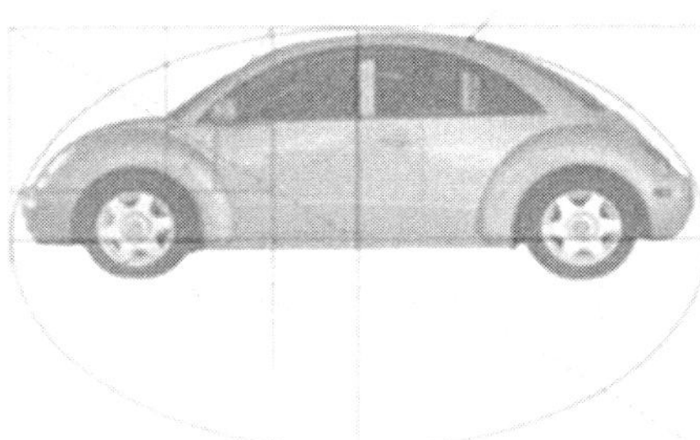

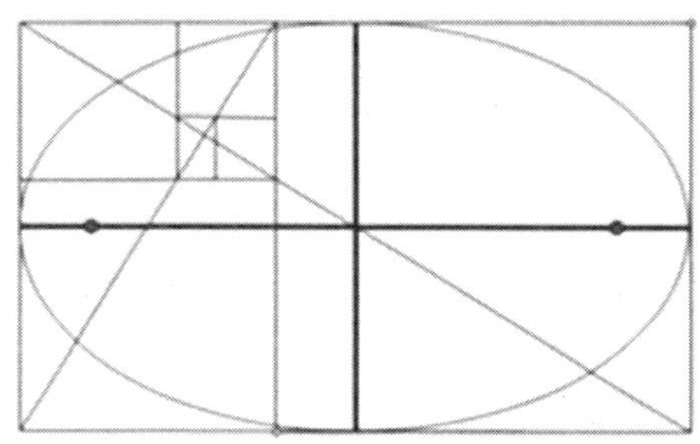

논제 해설

논제 2 필자가 가지고 있는 통신카드를 동적조화로 번역한 것이다. 먼저, 사각형인 카드를 모눈종이 위에 복사하고 짧은 변을 한 변으로 하는 정사각형을 그린다. 정사각형의 밑변을 이등분하여 절반인 직사각형의 대각선(점선)을 잡아 유클리드 사각형을 만든다.

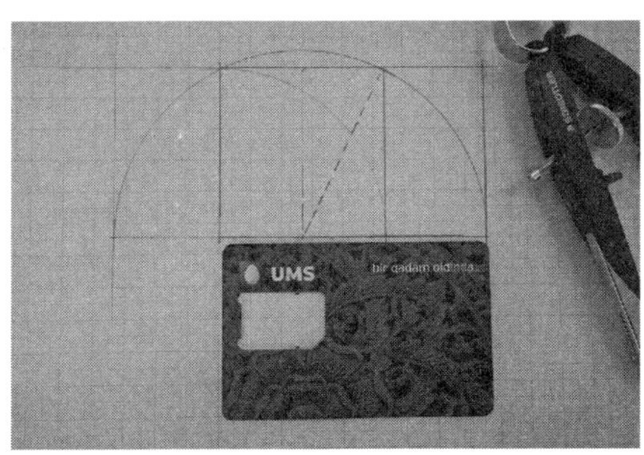

논제 5

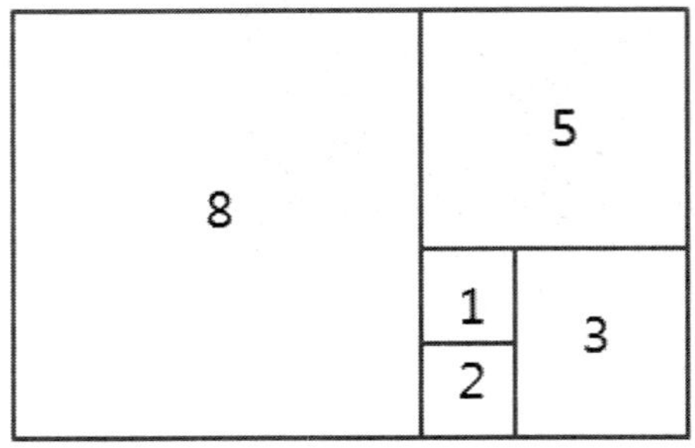

글쓰기 주제 및 과제

1. 유클리드 사각형의 예를 르 코르뷔지에(Le Corbusier)의 작품[7]에서 찾아 지도안을 만들어 보자.

2. 다음 제시문을 참고하여 피보나치 수열을 이용한 교안을 작성해보자.

[제시문]

수열 $a_n = 1 + \frac{1}{2} + \frac{1}{3} + \cdots + \frac{1}{n}$ (여기서 $n = 1, 2, 3, \ldots$) 이 발산하는 것을 다음과 같이 보인다(Nicole Oresme, 1350년경). 예를 들어,

$$a_8 = 1 + \frac{1}{2} + \frac{1}{3} + \frac{1}{4} + \frac{1}{5} + \frac{1}{6} + \frac{1}{7} + \frac{1}{8}$$

에서 1을 제외하고 나머지를 1개, 2개, 4개씩 묶어 보자. 이때,

$$\begin{aligned} a_8 &= 1 + \left(\frac{1}{2}\right) + \left(\frac{1}{3} + \frac{1}{4}\right) + \left(\frac{1}{5} + \frac{1}{6} + \frac{1}{7} + \frac{1}{8}\right) \\ &\geq 1 + \frac{1}{2} + \left(\frac{1}{4} + \frac{1}{4}\right) + \left(\frac{1}{8} + \frac{1}{8} + \frac{1}{8} + \frac{1}{8}\right) \\ &= 1 + \left(\frac{1}{2}\right)3 \end{aligned}$$

7) Klaus-Peter Gast, Le Corbusier, Birkhäuser, Boston, 2000.

이다. 이와 같이 a_{16}에 대해서도 1개, 2개, 4개, 8개씩 묶어 $a_{16} > 1+\left(\frac{1}{2}\right)4$를 확인할 수 있다. 따라서 $a_{2^n} > 1+\left(\frac{1}{2}\right)n$ 을 보일 수 있다. 그러므로 $\lim_{n\to\infty} a_n = \infty$이다.

앞에서 우리는 수열 $\{a_n\}$에서 항 $a_8 = 1+\frac{1}{2}+\frac{1}{3}+\frac{1}{4}+\frac{1}{5}+\frac{1}{6}+\frac{1}{7}+\frac{1}{8}$ 일 때, 1, 2, 4, 8 등의 개수로 엮어 계산하였다. 이제 피보나치 수열 1, 1, 2, 3, 5, 8, ... 등으로 맨 처음 1을 제외하고 묶어 나가보자. 예를 들어

$$a_8 = 1+\left(\frac{1}{2}\right)+\left(\frac{1}{3}\right)+\left(\frac{1}{4}+\frac{1}{5}\right)+\left(\frac{1}{6}+\frac{1}{7}+\frac{1}{8}\right)$$

이다. 마찬가지로 a_{13}을 묶을 수 있다. 이때,

$$\begin{aligned} a_8 &= 1+\left(\frac{1}{2}\right)+\left(\frac{1}{3}\right)+\left(\frac{1}{4}+\frac{1}{5}\right)+\left(\frac{1}{6}+\frac{1}{7}+\frac{1}{8}\right) \\ &\geq 1+\left(\frac{1}{2}\right)+\left(\frac{1}{3}\right)+\left(\frac{1}{5}+\frac{1}{5}\right)+\left(\frac{1}{8}+\frac{1}{8}+\frac{1}{8}\right) \\ &= 1+\frac{1}{2}+\frac{1}{3}+\frac{2}{5}+\frac{3}{8} \end{aligned}$$

따라서
$$\begin{aligned} \sum_{n=1}^{\infty}\frac{1}{n} &= 1+\frac{1}{2}+\frac{1}{3}+\frac{1}{4}+\frac{1}{5}+\frac{1}{6}+\frac{1}{7}+\frac{1}{8}+\cdots \\ &= 1+\left(\frac{1}{2}\right)+\left(\frac{1}{3}\right)+\left(\frac{1}{4}+\frac{1}{5}\right)+\left(\frac{1}{6}+\frac{1}{7}+\frac{1}{8}\right)+\left(\frac{1}{9}+\cdots\frac{1}{13}\right)+\cdots \\ &\geq 1+\frac{1}{2}+\frac{1}{3}+\frac{2}{5}+\frac{3}{8}+\frac{5}{13}+\frac{8}{21}+\cdots \\ &= 1+\sum_{n=1}^{\infty}\frac{F_{n-1}}{F_{n+1}} \end{aligned}$$

한편, $\lim_{n\to\infty}\frac{F_{n-1}}{F_{n+1}} = \lim_{n\to\infty}\frac{F_{n+1}-F_n}{F_{n+1}} = 1-\frac{1}{\phi} \neq 0$이므로 $\sum_{n=1}^{\infty}\frac{1}{n}$은 발산한다.

04 고대 이집트인의 원주율

Keywords 수학사(원주율), 이집트인의 곱셈법, 60진법, 아메스 파피루스 50번, Egyptian triple

제시문

㉮ 고 바빌로니아에서 기하학은 영향력이 적으며 원의 넓이는 $3r^2$, 원주율 π는 3 또는 25/8를 모두 사용하였다. 점토판 YBC 7302를 보면 위에 3, 그리고 오른쪽에 9, 그리고 원 가운데에 0;45를 기록하고 있다. 이를 해석하면 원둘레가 3일 때, 이를 제곱하면 9이고 9에 0;05 ($\fallingdotseq 1/4\pi$)을 곱하면 원의 넓이 0;45를 얻는다. 따라서 원의 넓이는 $3r^2$, 그리고 원주율은 3이다. 한편, 1936년 Susa에서 26개의 텍스트가 발견되었다. 발견된 점토판(MS 19382/2)에서 고 바빌로니아 인들은 "(정육각형 둘레의 길이) = (0;57,36)×(원 둘레의 길이)"를 사용하였다(H. Eves, 1990). 여기서 0;57,36은 60진법의 표현으로 $0;57,36=\frac{57}{60}+\frac{36}{60^2}$이다.

[그림 4-1] 기원전 2600-2350, 서기의 조각상, 르브르박물관, Photo: J. Park

㉯ 《아메스 파피루스》는 '힉소스왕조'의 문서 보존 계획에 의하여 쓰여진 수학 책

이다. 아메스(Ahmose)는 책의 서문에서 자신을 힉소스왕조 시대 파라오 아포피스 33년에 고대 이집트 제12왕조 아메넴하트 3세(기원전 1859~기원전 1814) 때 쓰인 고문서[1]를 복제(copy)하는 서기(scribe)라고 밝히고 모두 87개 문제를 기록하였다. 이를 '아메스 파피루스'라 부른다. 고대 이집인의 원주율은 다음 아메스 파피루스 50번 문제에서 알 수 있다.

문제 50　　지름의 길이가 9인 원의 넓이는?
지름의 길이의 1/9 만큼, 즉 1을 빼면 8이 남는다. 8 곱하기 8을 하면 64이다. 따라서 64이다. 계산과정을 보면:

1	9
1/9	1

8이 남고

1	8
2	16
4	32
\8	64

원의 넓이는 64이다

다 고대에 π값을 얼마로 사용하였는지 알 수 있는 또 다른 자료로 성경이 있다.

『또 바다를 부어 만들었으니 그 직경이 십 큐빗이요 그 모양이 둥글며 그 고(높이)는 다섯 큐빗이요 주의는 삼십 큐빗 줄을 두를 만하며』 열왕기 상 7장 23절 (And he made a molten sea, ten cubits from the one brim to the other: it was round all about, and the height was five cubits: and a line of thirty cubits

대형 물동이의 상상도
http://www3.telus.net/public/kstam/

1) Martin Bernal(오흥식 옮김), 블랙 아테나, 제2권, 소나무, 2012(pp.471, 474).
A. Chace, The Rhind mathematical Papyrus, NCTM, 1979.

did compass it about.) (1 Kings 7, 23)

위 글은 "솔로몬이 대형 물동이를 만들었는데 지름의 길이가 10(큐빗)이고, 높이는 5(큐빗), 그리고 둘레의 길이는 30(큐빗)이었다"는 뜻이다. 1큐빗(cubit)의 크기는 대략 45.4~55.5cm 정도이다. 쿠푸왕의 대 피라미드에서 쓰인 큐빗(royal cubit)은 20.60(inches)이다.

[그림 4-2] 기원전 7-5세기 레반트 지역에서 발견된 대형 돌항아리
(Photo: J. Park)

논제 1 고 바빌로니아인들이 사용한 원주율을 구하여라.

논제 2 (1) 〈제시문 (나)〉에서는 원의 넓이를 지름의 길이의 1/9 만큼을 뺀 후 이를 한 변으로 하는 정사각형의 넓이로 설정하였다. 고대 이집트인들이 이와 같은 방법으로 원의 넓이를 계산한 이유를 다음 세 그림을 통하여 유추하여라[2].

2) H. Engels, Quadrature of the circle in ancient egypt, Historia Mathematica, 4(**1977**), 137-140.

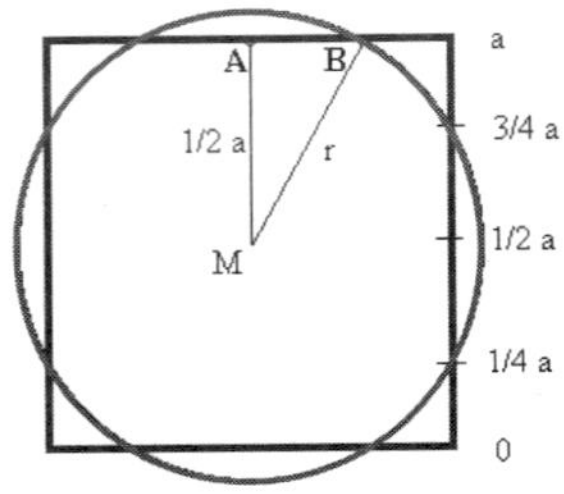

[단계 1]

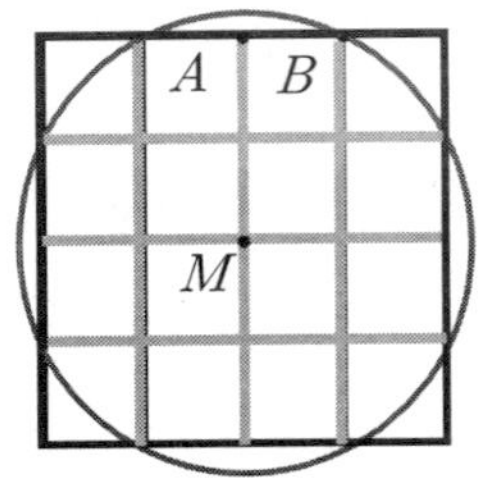

[단계 2]

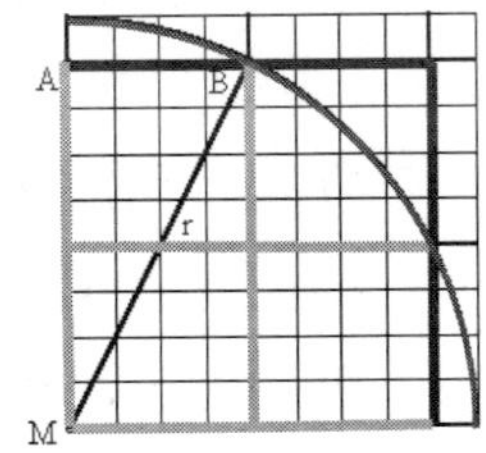

[단계 3]

(2) 고대 이집트인이 사용한 원주율을 추정하여라.

논제 3

(1) 〈제시문 (다)〉에서 사용한 원주율을 유추하여라.

(2) 대형 물동이를 만든 솔로몬은 기원전 1천년경에 살았고 열왕기 상이 쓰인 시기는 기원전 550년경으로 볼 수 있다. 따라서 위 (1)의 계산에 의하면 당시의 사람들은 그보다 약 1000여년 전인 고대 이집트인들이 사용한 원주율보다 오히려 더 부정확한 것을 사용한 셈이다. 이제 열왕기 상 7장 26절에 나와 있는 대형 물동이의 두께를 이용하여 원주율을 다시 구해보자. 열왕기 상 7장 26을 풀어 쓰면 다음과 같다.

『대형 물동이의 두께는 한 손 폭의 길이만하다』

다음을 고려하여 당시 사용된 원주율을 추정하여라.

① 자신의 손의 폭 길이를 설정하여 물동이의 두께로 한다.

② 10큐빗, 30큐빗이 두께가 있는 물동이에서 어느 부분의 수치인지 설정한다.

③ 계산의 편리를 위하여 1큐빗을 50cm로 한다.

논제 해설

논제 1 지름이 d인 정육각형의 둘레의 길이는 $3d$ 이므로 $3d = \frac{24}{25} \times \pi \times d$ 이다.

따라서 수학사에서 기록으로 인정되는 원주율 $\pi_{Babylon} = 3\frac{1}{8}$을 얻는다.

논제 2 (1) [단계 1]에서 원의 넓이를 정사각형의 넓이로 설정하였다. 이 정사각형의 한 변의 길이는 [단계 2], [단계 3]의 그림에 의하면 원의 지름의 2/16 만큼 짧다. 따라서 이 정사각형의 한 변의 길이는 원의 지름에서 1/9 만큼을 빼면 된다. 요즘 식으로 설명한다면, 원이 정사각형의 각 변의 4등분한 점을 지나므로 r과 a의 관계는 다음과 같다.

$$r^2 = \left(\frac{a}{2}\right)^2 + \left(\frac{a}{4}\right)^2, \quad r = \frac{\sqrt{5}}{4}a$$

세 번째 그림에서 반지름 r은 9개의 작은 사각형의 변의 길이의 합과 같다고 볼 수 있으므로 $r = 9a/16$를 얻는다. 그런데 $\frac{\sqrt{5}}{4} \fallingdotseq 0.56$, $\frac{9}{16} \fallingdotseq 0.56$으로 거의 비슷하므로 지름이 d인 원의 넓이를 한 변의 길이가 a인 정사각형의 넓이로 접근할 수 있다. 이때, $d = 2r = \frac{9}{8}a$, $a = \frac{8}{9}d$ 이므로 지름이 d인 원의 넓이는 $a^2 = \left(\frac{8d}{9}\right)^2$이다.

(2) $\pi\,(d/2)^2 \fallingdotseq (8d/9)^2$이므로 $\pi \fallingdotseq (16/9)^2 \fallingdotseq 3.16$으로 사용하였다고 추측할 수 있다.

논제 3 (1) 지름의 길이가 10, 원둘레의 길이가 30이므로 $10\pi = 30$에서 $\pi \fallingdotseq 3$을 얻는다. 수학사에서는 공식적으로 3을 기원전 1천년경에 사용한 값으로 사용하고 있다.

(2) 한 손의 폭을 성인 남자를 기준으로 하여 11cm(11/50큐빗)으로 보자. 이제 폭이 있는 물동이를 위에서 본 그림을 생각하면 지름 10, 둘레의 길이 30은 10이 안쪽, 바깥쪽 지름이 될 수 있고 30이 안쪽, 바깥쪽 둘레의 길이

가 될 수 있으므로 모두 4가지 경우로 배치할 수 있다.

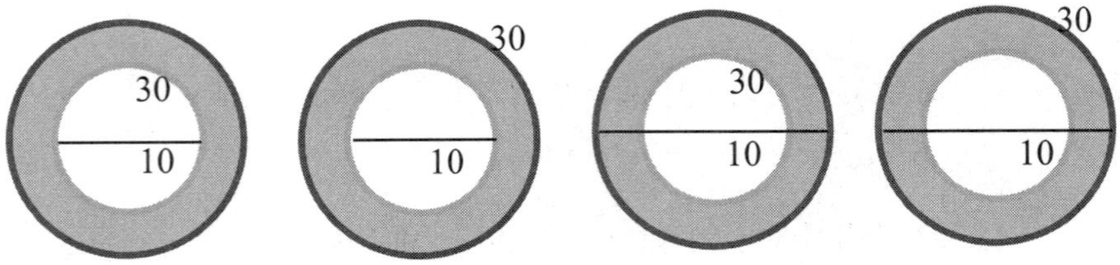

[경우 1] [경우 2] [경우 3] [경우 4]

위 네 가지 경우 중 원주율의 값이 3보다 커지는 것은 10이 바깥쪽 지름, 30이 안쪽 둘레의 길이인 경우 뿐이므로 다른 경우는 고려할 필요가 없다. 이제 대형 물동이의 두께는 바깥쪽 지름의 길이에서 안쪽 지름의 길이를 뺀 후 2로 나누면 되므로

$$(10-30/\pi)/2 = 11/50, \qquad \pi = 1500/478 \fallingdotseq 3.14$$

로 성경으로부터 당시 원주율을 약 3.14로 썼다고 주장할 수 있다. 문제의 풀이에서는 한 손의 폭을 10cm로 하면 $\pi \fallingdotseq 3.12$를 얻게 된다. 한 손의 폭을 얼마로 정하느냐는 성인 남자를 기준으로 하는 것이 타당하지만 자신의 손으로 하더라도 별 문제는 없다. 이 문제의 초점은 물동이의 두께를 고려하였을 때, 10큐빗과 30큐빗이 어느 부분의 수치인지 결정하여 원주율의 값을 3보다 정확하게 얻어내는 데 있다.

글쓰기 주제 및 과제

1. 다음 자료

M. Bernal, Animadersions on the origins of western science, Isis, 83(1992), 596-607.

R. Palter, Black athena, afro-centrism, and the history of science, His. Sci., 31(1993), 227-287.

M. Bernal, Response to Robert Palter, His. Sci., 32(1994), 445-468.

와 아래 〈제시문〉을 바탕으로 이들의 논쟁을 2000자로 요약해보자.

[제시문]

고대 이집트인들이 대각선의 성질이나 소위 피타고리안 짝(Pythagorean triple)을 알고 이를 측량이나 피라미드 건설에 이용했다는 진위 여부는 버낼과 팔터의 논쟁을 통하여 매우 분명하게 대두된다. 팔터는 고대 이집트인들이 $3-4-5$ 삼각형을 사용했지만 대각선의 성질을 이해하지 못했다고 주장한다. 용어에서 럼킨(B. Lumpkin)[3]은 '피타고리안 짝'을 'Egyptian triple'로 사용한다.

(1) 고대 이집트 제12왕조(기원전 1979년-기원전 1800년) 때 만들어진 베를린 파피루스(Berlin Papyrus 6619)에서 오류가설(false position)을 풀잇법으로 한 두 연립이차방정식

$$\begin{cases} x^2+y^2=100 \\ 4x-3y=0 \end{cases}, \begin{cases} x^2+y^2=400 \\ 4x-3y=0 \end{cases}$$

은 Egyptian triple $(6,8,10),(12,16,20)$을 구하는 문제이다[4]. 이들의 기본 짝은 $(3,4,5)$로 고왕국 4~6왕조(기원전 3000년~기원전 2450년)때 건설된 5개의 피라미드가 $(3,4,5)$를 따른다. 《아메스 파피루스》가 다루는 문제 57~59번 역시 $(3,4,5)$의 문제이다[5]. 특히, 버낼은 고대 이집트인들이 $(3,4,5)$가 특별한 의미가 있다는 것을 인지했기 때문에 이전 왕조에서 사용한 기울기 $14/11$를 $4/3$로 바꾸었다고 추정한다(M. Bernal, 1992; 1994, p.455). 이외에도 이집트인들은 피라미드 건설에서 옆면과 밑면이 이루는 각이 각각 $43.30°$, $62°$, $67°$, $74°$인 Egyptian triple $(21,20,29)$, $(15,8,17)$, $(5,12,13)$, $(7,24,25)$ 등을 사용했다(C. Rossi, 2003)[6].

(2) 원을 정사각형으로 접근하여 넓이를 구하는 방법(squaring the circle)은 《아메스 파피루스》 문제 41~43, 48, 50번에서 찾을 수 있다. 아메스는 주로 지름을 9로 사용하고 따라서 정사각형의 한 변의 길이를 8로 하는데 이는 $4-8-9$ 삼각형이 직각삼각형에 매우 가깝기 때문으로 판단된다(Robins·Shute, 1987)[7]. 따라서 고대 이집트인

---

3) B. Lumpkin, The Egyptians and Pythagorean triples. Historia Mathematica 7(1980) 186-187.
4) R. Gillings, Mathematics in the time of the pharaohs, New York: Dover, 1972.G.
5) A. Chace, The Rhind mathematical Papyrus, Virginia: NCTM, 1979.
6) C. Rossi, Architecture and mathematics in ancient Egypt, Cambridge: Cambridge Univ. Press, 2003
7) G. Robins and C. Shute, The Rhind mathematical papyrus, New York: Dover, 1987.

들은 '대각선의 성질'을 알고 있었다고 보인다. 이때 원주율은 3.16이다.

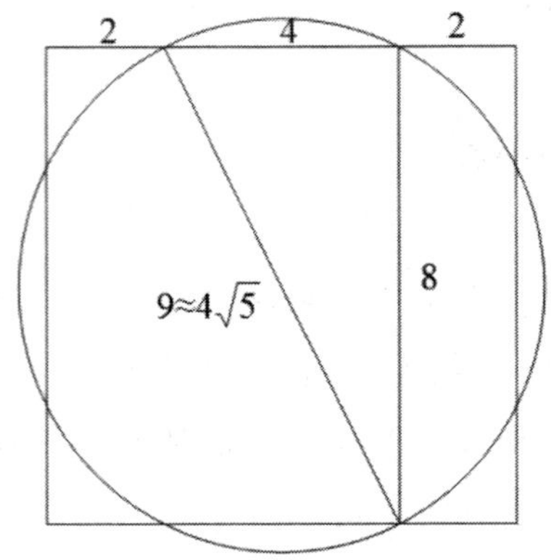

2. 오류가설 풀잇법은 아메스 파피루스, 이오판토스의 수론서, 중국의 구장산술 등에서 사용되었다. 이에 대하여 알아보자.

• 참고문헌: D. Burton, The history of mathematics, McGraw-Hill, 2007.

05 아르키메데스의 원주율

Keywords 삼각비, 삼각함수의 덧셈정리, 무리식, 유리화, 근삿값, 거듭제곱 연산, 아메스 파피루스 48번

제시문

기원전 225년경 알렉산드리아의 아르키메데스는 《원의 측정에 관하여(Measurement of a circle)》에서 "Proposition 3: $3\frac{10}{11} < \pi < 3\frac{1}{7}$"을 증명하였다[1].

아르키메데스는 정다각형을 작도를 한 것이 아니라, 원에 내접하는 정n각형의 한 내각의 절반 각을 θ_n으로 하여 $\theta = \theta_6 = 30°$ (정6각형)에서 출발하고, 등식

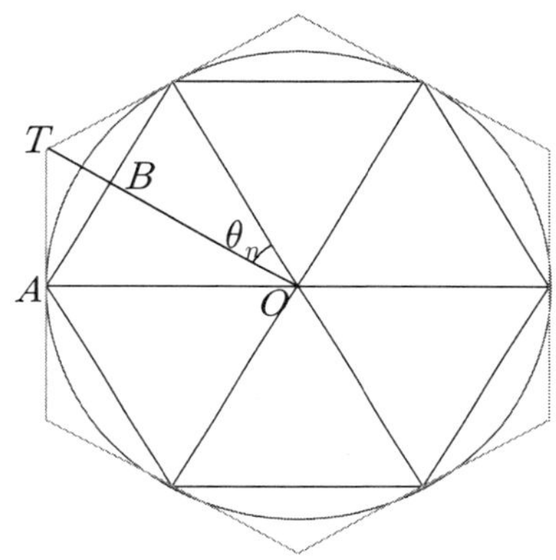

[그림 5-1] 정육각형

$$\frac{1}{\tan(\theta/2)} = \frac{1}{\sin\theta} + \frac{1}{\tan\theta},\ \frac{1}{\sin(\theta/2)} = \sqrt{1 + \frac{1}{\tan^2(\theta/2)}} \tag{5-1}$$

을 거듭 사용하여 최종적으로 부등식

$$96\tan\theta_{96} < 3\frac{1}{7},\ 96\sin\theta_{96} > 3\frac{10}{71}$$

을 얻은 것이다[2]. 한편, θ가 30° (정6각형)에서 15° (정12각형)으로 넘어갈 때, 아르키메데스는 tan 30°를 만나 $\sqrt{3}$을 유리수로 근사해야 하는데 아무 설명 없

1) T. Heath, The works of Archimedes, Dover, 2002.
2) G. Phillips, Archimedes the numerical analyst, Amer. Math. Monthly, 88(3) (1981), 165-169.

이 $\dfrac{265}{153} < \sqrt{3} < \dfrac{1351}{780}$로 사용한다. 이에 대한 추정은(T. Heath, 2002, Chapter IV) 당시에 잘 알려진 부등식 $a \pm \dfrac{b}{2a} > \sqrt{a^2 \pm b} > a \pm \dfrac{b}{2a \pm 1}$의 사용으로 할 수 있다. 한편, $\sqrt{3}$의 근삿값을 이용하여 θ_{12}로 넘어가면

$$\frac{265}{153}+2 < \frac{1}{\tan\theta_{12}} < \frac{1350}{780}+2\ ,$$

$$\sqrt{1+\left(2+\frac{265}{153}\right)^2} < \frac{1}{\sin\theta_{12}} < \sqrt{1+\left(2+\frac{1350}{780}\right)^2}$$

이고, 이와 같은 반복으로

$$96\cdot\sin\theta_{96} > 96\cdot\frac{66}{2017\frac{1}{4}} > 3\,\frac{10}{71},$$

$$96\cdot\tan\theta_{96} < \frac{96\times153}{4673\frac{1}{2}} < 3\,\frac{1}{7}$$

이 되어 아르키메데스는 사용하기 좋은 근삿값 $3\dfrac{10}{71} < \pi < 3\dfrac{1}{7}$을 얻는다.

아르키메데스는 거듭되는 수열의 관계와 근삿값을 이용하여 원주율 $\pi_{Archemedes} = 22/7$을 구한 것이다. 참고로 부분분수법과 치환적분법으로 Dalzell이 1944년에 사용한 아르키메데스의 원주율 22/7의 오차 $\dfrac{22}{7} - \pi = \displaystyle\int_0^1 \frac{x^4(x-1)^4}{x^2+1}\,dx$를 치환적분에서 지도할 수 있다.

논제 1 식 (5-1)을 증명하여라.

논제 2 (1) 상수 m에 대하여 방정식 $X^2 - 3Y^2 = m$의 양의 정수해를 (x, y)라 하자. 이때, $\dfrac{x}{y} - \sqrt{3}$을 x, y, m으로 표현하고 의미를 부여해 보자.

(2) 방정식의 해 $265^2 - 3\times 153^2 = -2$, $1351^2 - 3\times 780^2 = 1$로부터 아르키메데스가 설정한 $\sqrt{3}$의 범위 $265/153 < \sqrt{3} < 1351/780$을 구할 수 있다. 6세기 인도 수학의 업적인 다음 경로를 참고하여

$$1351^2 - 3\times 780^2 = 1$$

을 구하여라.

[경로] $x^2 - 2y^2 = 1$의 양의 정수해를 구하여보자. 먼저,

$$x^2 - 2y^2 = (x + y\sqrt{2})(x - y\sqrt{2})$$

이고 방정식 $x^2 - 2y^2 = 1$에서 양의 정수해 $(x, y) = (3, 2)$를 쉽게 구할 수 있다. 이때,

$$1 = 3^2 - 2\cdot 2^2 = (3 + 2\sqrt{2})(3 - 2\sqrt{2}) \qquad (5\text{-}2)$$

이다. 식 (5-2)의 양쪽 끝 변에 제곱을 시행하면

$$\begin{aligned} 1 = 1^2 &= (3 + 2\sqrt{2})^2(3 - 2\sqrt{2})^2 \\ &= (17 + 12\sqrt{2})(17 - 12\sqrt{2}) \\ &= 17^2 - 2\cdot 12^2 \end{aligned}$$

따라서 새로운 양의 정수해 $(x, y) = (17, 12)$를 얻는다.

논제 해설

논제 1 식

$$\begin{cases} \dfrac{1}{\tan(\theta/2)} = \dfrac{1}{\sin\theta} + \dfrac{1}{\tan\theta} \\ \dfrac{1}{\sin(\theta/2)} = \sqrt{1 + \dfrac{1}{\tan^2(\theta/2)}} \end{cases}$$

을 증명하여 보자. 먼저,

$$\frac{1}{\sin\theta}+\frac{1}{\tan\theta}=\frac{1+\cos\theta}{\sin\theta}=\frac{1+\cos^2(\theta/2)-\sin^2(\theta/2)}{2\sin(\theta/2)\cos(\theta/2)}$$
$$=\frac{2\cos^2(\theta/2)}{2\sin(\theta/2)\cos(\theta/2)}=\frac{1}{\tan(\theta/2)}$$

한편,

$$1+\frac{1}{\tan^2(\theta/2)}=\frac{1}{\sin^2(\theta/2)}$$

이므로 두 번째 식이 성립한다.

논제 2 (1) 식

$$X^2-3Y^2=m(\neq 0)$$

을 만족하는 해를 (x,y)라 하자. 이때,

$$\frac{x}{y}-\sqrt{3}=\frac{1}{y}\frac{(x-y\sqrt{3})(x+y\sqrt{3})}{x+y\sqrt{3}}$$
$$=\frac{1}{y}\frac{x^2-3y^2}{x+y\sqrt{3}}=\frac{1}{y}\frac{m}{x+y\sqrt{3}}$$

따라서 x,y가 m 보다 충분히 크면 클수록 $\frac{x}{y}$는 $\sqrt{3}$의 좋은 근삿값이 된다.

(2) 방정식 $x^2-3y^2=1$에서 양의 정수해 $(x,y)=(2,1)$을 쉽게 찾을 수 있다. 이때,

$$1=(2+\sqrt{3})(2-\sqrt{3})$$

이로부터

$$1=1^2=(7+4\sqrt{3})(7-4\sqrt{3})=7^2-3\cdot 4^2$$

으로 양의 정수해 $(x,y)=(7,4)$를 얻는다. 한편,

$$(2+\sqrt{3})^4=97+56\sqrt{3},\ (2+\sqrt{3})^6=1351+780\sqrt{3}$$

이고

$$1 = 1^6 = (2+\sqrt{3})^6(2-\sqrt{3})^6 = (1351+780\sqrt{3})(1351-780\sqrt{3})$$

이므로

$$1351^2 - 3\times 780^2 = 1$$

참고

추정 1 **부등식** $a \pm \dfrac{b}{2a} > \sqrt{a^2 \pm b} > a \pm \dfrac{b}{2a \pm 1}$**의 사용**

① $a=2,\ b=-1$에서 $2-\dfrac{1}{4} > \sqrt{3}$, $\sqrt{3} > 2-\dfrac{1}{3} = \dfrac{5}{3}$이므로

$$\frac{5}{3} < \sqrt{3} < \frac{7}{4}$$

② $\left(\dfrac{5}{3}\right)^2 = \dfrac{25}{9}$, $3 = \dfrac{27}{9}$이므로 $\sqrt{3} = \sqrt{\dfrac{25+2}{9}}$이고 $\dfrac{1}{3}\left(5+\dfrac{1}{5}\right) > \sqrt{3}$ 을 얻는다. 즉,

$$\sqrt{3} < \frac{26}{15}$$

③ $3 < \left(\dfrac{26}{15}\right)^2 = \dfrac{676}{225}$, $\sqrt{3} = \sqrt{\dfrac{26^2-1}{225}}$

④ $\dfrac{1}{15}\left(26-\dfrac{1}{52}\right) > \sqrt{3}$, $\dfrac{1351}{780} > \sqrt{3}$

⑤ 부등식에서 $\sqrt{3} > \dfrac{1}{15}\left(26-\dfrac{1}{52-1}\right) = \dfrac{265}{153}$

$$\frac{265}{153} < \sqrt{3} < \frac{1351}{780}$$

이상을 요약하면 아르키메데스는 $\dfrac{7}{4}$에서 $\dfrac{5}{3}$, $\dfrac{5}{3}$에서 $\dfrac{26}{15}$, 그리고 $\dfrac{26}{15}$에서

$\frac{1351}{780}$ 을 구한 것으로 추정된다.

추정 2 **당시 널리 사용하고 있었던 방법은 다음과 같다.**

> **(1)** $x_0 = y_0 = 1$
>
> **(2)** $x_n = x_{n-1} + y_{n-1}$, $y_n = 3x_{n-1} + y_{n-1}$

위 규칙을 가지고 시작하면

x_n	y_n	$\frac{y_n}{x_n}$
1	1	1
2	4	2
6	10	5/3
16	28	7/4
44	76	19/11
120	208	26/15
328	568	71/41
896	1552	97/56
2448	4240	265/153

글쓰기 주제 및 과제

1. 우리나라 수학 교과서는 아르키메데스의 일화를 모두 네 가지로 소개한다.

   - 로마병사에게 살해되는 이야기
   - 묘비에 원기둥과 구의 그림을 세기는 이야기
   - 지구를 움직이는 이야기
   - 필요한 무기를 만들고 사용하는 이야기이다.

   그러나 교과서는 Eves(1990)[3]가 말하는 로마 역사가들의 "아름다운 이야기(picturesque)"

3) H. Eves, An introduction to the history of mathematics, 6th. ed. The Saunders Series, 1990.

를 왜곡하여 소개하고 있다. Merzbach·Boyer[4]는 플루타르크 영웅전에서 언급하는 내용을 다루지 않고 2차포에니 전쟁만 간단히 한 단락으로 언급하고 마루겔루스가 아르키메데스가 만든 천체의 운동을 묘사하기 위해 만든 독창적인 유성 기어 장치를 약탈품으로 챙긴 것을 전하고 있다. 아르키메데스의 일화와 그의 죽음(B.C. 212)은 카르타고와의 전쟁인 2차포에니 전쟁(B.C. 218~B.C. 201) 중에 일어난 이야기로 로마는 17년 동안 계속된 전쟁에서 그들 모두가 노예가 되거나 로마 문명이 종말을 맞을지도 모른다는 절박한 위기감속에 있었다. 특히, 아르키메데스가 사망하기 4년 전인 기원전 216년에는 칸나이전투를 비롯한 남부 이탈리아에서 로마군은 하니발 장군에게 궤멸 직전까지 갔었다.

교과서에서 사용하는 이야기는 플루타르크 영웅전을 출처로 한다. 《플루타르크 영웅전 I(홍사중 옮김), 동서문화사, 2014》을 읽고 우리나라 중등수학교육에서 왜곡된 아르키메데스에 관한 기술에 대하여 2000자로 제시하여 보자.

2. 팔터의 논쟁 다시 보기(4주차 강의 참고)
다음 제시문을 바탕으로 디오프의 주장을 보다 더 세련되게 1000자로 제시하시오.

[제시문]

1958년 보겔(K. Vogel)은 고대 이집트인들이 정사각형에서 팔각형으로 이어지는 기하적인 접근으로 원의 넓이를 구한 것으로 《아메스 파피루스》문제 48번[5]을 해석한다[6](R. Gillings, 1982; A. Chace, 1979). 지름이 9인 원에 외접하는 정사각형을 설정하고 네 변을 각각 3등분하면 정사각형은 9등분되고 각 모서리의 삼각형을 제외시키면 팔각형을 얻는다. 이때, 팔각형의 넓이는

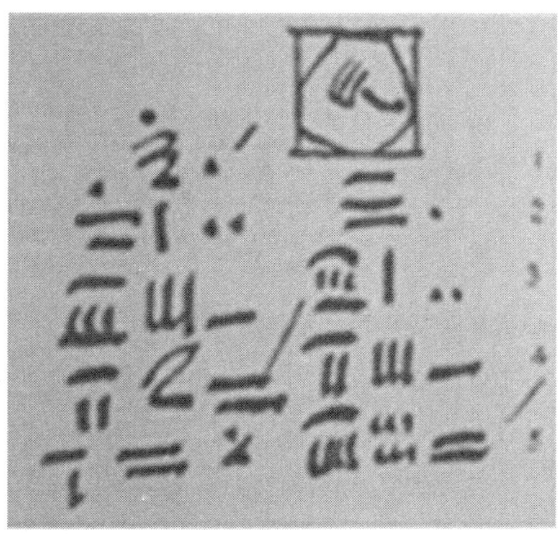
[그림 5-2] 아메스 파피루스 48번 문제

4) U. Merzbach and C. Boyer, A history of mathematics, 3rd ed. New Jersey: Wiley, 2011.
5) 체이스(A. Chace, 1979)의 문제 48번 번역은 오역이다. 정사각형에 내접하는 원이 아니라 팔각형이다(R. Gillings, 1982, p.141-142).
6) R. Gillings, Mathematics in the time of the pharaohs, New York: Dover, 1982. A. Chace, The Rhind mathematical Papyrus, Virginia: NCTM, 1979.

$81-4(9/2)=63$이고 한 변의 길이를 $\sqrt{63}$으로 하기 위하여 $\sqrt{63}$에 가까운 값 $\sqrt{64}=8$을 택하면 된다.

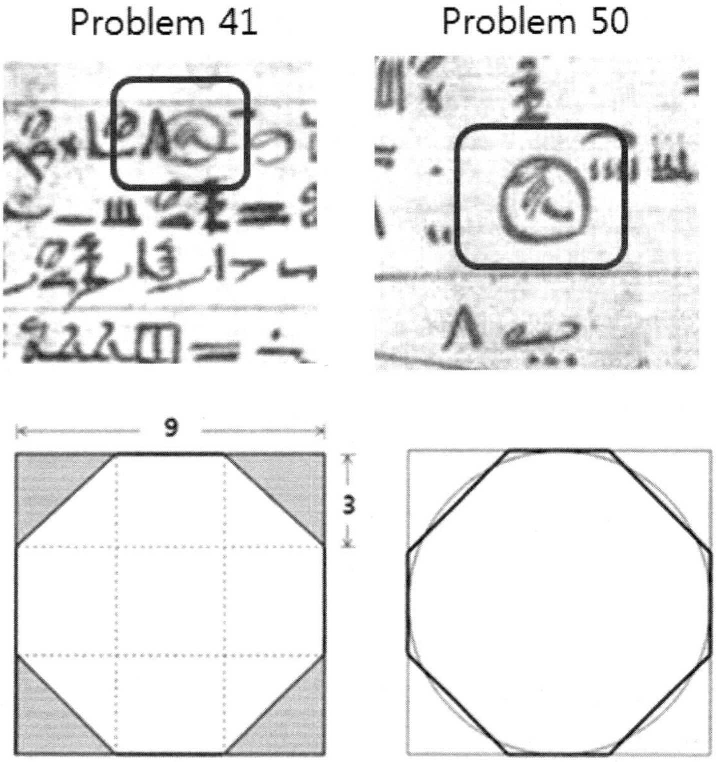

[그림 5-3] 아메스 Problem 48의 해석

문제 48번의 접근 방법을 알렉산드리아에서 교육받은 아르키메데스가 알고 있었을까? 이집트로부터의 차용을 숨기는 그의 정직하지 못한 태도로 디오프[7](C. A. Diop, 1991, p.243)[8]로부터 비난받기까지 했지만 아르키메데스의 인지문제는 고대 이집트로부터의 수학문화의 차용이라는 시각에서 논란거리이다[9](R. Plater, 1993, p.258-259). 아메스가 문제 48번에서 제시한 팔각형은 원에 내접하거나 외접하지는 않지만 아르키메데스가 알렉산드리아에서 교육받았기 때문에 이집트의 영향을 완전

7) C. A. Diop, Civilization or barbarism, Lawrence, Illinois: Hill Books, 1991.

8) Diop(1981): He points out "a dishonesty of Archimedes": In fact, Archimedes, in the latter book, in calculating the value Pi=3.14 found by Egyptians two thousand years before him. He did not suspect that an Egyptian papyrus would accidentally reveal the truth to posterity

9) R. Palter, Black Athena, Afro-centrism, and the history of science. Hist. Sci. **31**, (1993) 227-287.

히 배제하기에는 어려움이 따른다. 실제 팔터는 디오프가 아르키메데스의 증명과정을 이해 못한 것으로 그의 주장을 일축하지만 정다각형으로 접근한 아르키메데스의 아이디어를 독립적인 것으로 보기에는 어렵다고 본다.

〈표 5-1〉 아메스와 아르키메데스의 방법 비교표

	Ahmose(B.C. 1606)	Archimedes(B.C. 225)
polygons	Square < Octagon	Regular 6 < 12 < 24 < 48 < 96-gon
Approximation(s)	$\sqrt{63} \approx \sqrt{64} = 8$	$\frac{265}{153} < \sqrt{3} < \frac{1351}{780}$, etc.
Pi	$3\frac{13}{81}$	$3\frac{1}{7}$

06 배적문제

Keywords 플라톤, 이차방정식, 수열, 유리화, 연분수, 배적문제, 메논

제시문

㉮ 고대 이집트에서는 한 변의 길이가 1큐빗(royal cubit, 20.60 inches)인 단위정사각형의 넓이의 두 배인 정사각형의 길이를 double remen, 그리고 절반인 정사각형의 길이를 remen으로 도입하여 사용하였다[1]. 이때, double remen은 $\sqrt{2}$ 큐빗이며 remen은 $\sqrt{2}/2$큐빗이다. 이와 같은 단위가 도입된 것은 주어진 땅의 넓이를 두 배나 또는 반 배로 하기 위한 것으로 추측된다. double remen과 remen을 햄비지의 동적조화[2]로 나타내면 다음과 같다.

[그림 6-1] 기원전 2800-2440년경의 벽화 (M.S. Bulatov, Cosmos and Architecture, Mosco-Tashkent, 2009).

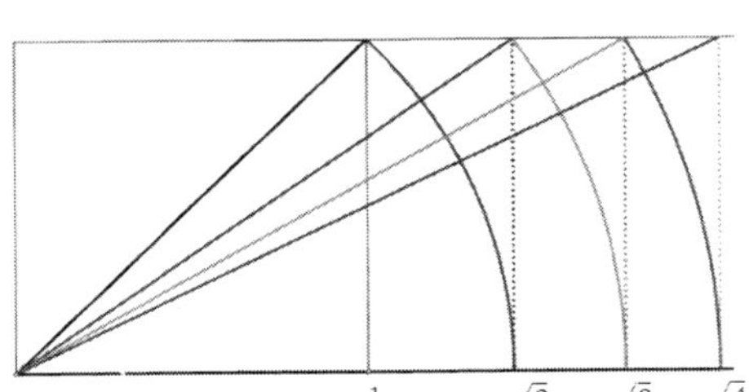

[그림 6-2] $\sqrt{n}$-사각형

1) R. Gillings, Mathematics in the time of the pharaohs, New York: Dover, 1972.
2) J. Hambidge, The elements of dynamic symmetry. New Haven: Yale Univ. Press, 1920.

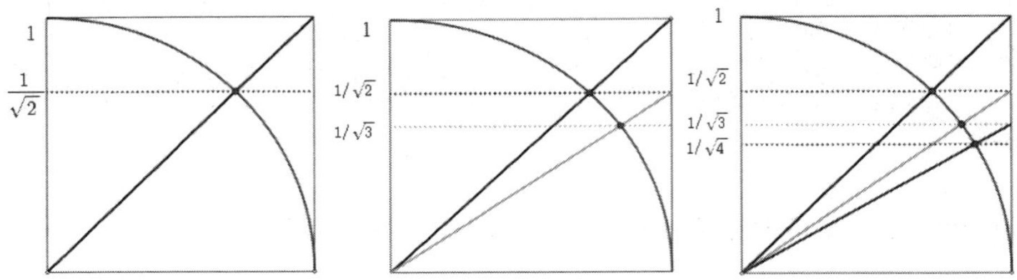

[그림 6-3] $1/\sqrt{n}$**-사각형**

double remen의 근삿값은 큐빗의 사용에 따라 다른데 royal cubit의 경우 $\sqrt{2} \fallingdotseq 1+\frac{1}{4}+\frac{1}{7}+\frac{1}{28}$를 사용하고 이보다 정확한 경우는 small cubit의 사용에서 찾을 수 있다. 이때, 단위분수(단, 2/3은 예외임)로 살펴보면 $\sqrt{2} \fallingdotseq 1+\frac{1}{3}+\frac{1}{12}$로 $17/12$을 사용하는데 근삿값의 제곱은 $1+\frac{3}{2}+\frac{1}{6}+\frac{1}{9}+\frac{1}{18}+\frac{1}{144}$이며 이 중에서 $\frac{2}{3}+\frac{1}{6}+\frac{1}{9}+\frac{1}{18}=1$이므로 근삿값의 제곱과 2와의 차이는 $\frac{1}{144}$이다[3].

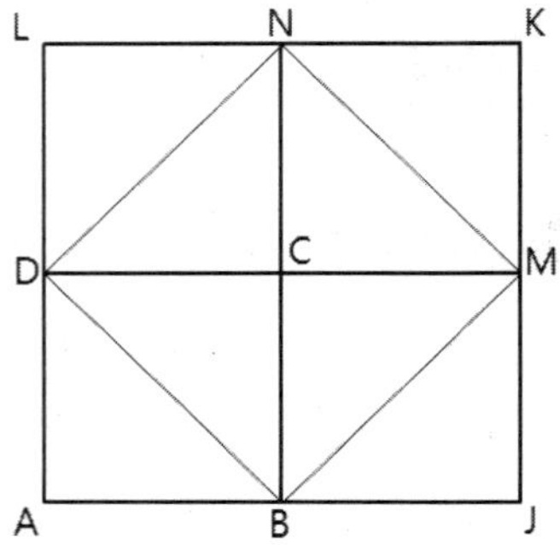

[그림 6-4] 두 배 작도

나 Plato(2009)의 대화편 《Meno》[4]에서 다루는 작도 문제로 배움이란 무엇인가에 대한 기하학의 예시이다. 대화가 이루어진 시점이 기원전 402년이라면 소크라테스의 나이는 67세가량으로 문답법을 통하여 비판적이고 논리적인 지성인의 모습을 띠고 있다. 정사각형 ABCD를 4배로 한 후 이를 대각선을 이용하여 2배인 정사각형 AJKL을 작도한다(82a-85b).

소크라테스: 그렇다면 면적이 같은 여기 네 개의 도형들이 생길 수밖에 없지?
소년: 예.
소크라테스: 그럼 어떻게 될까? 여기 이 전체(AJKL)는 여기 이것(ABCD)의

---

3) G. Robins, Irrational numbers and pyramids, Discussions in Egyptology, 18(1990), 43-53.
4) 플라톤, 메논(이상인 옮김), 이제이북스, 2010.

몇 배가 되지?

소년: 네 배입니다.

소크라테스: 그러나 우리에게 어쨌든 두 배가 되는 것이 생겨나야만 했지, 기억나지 않니?

소년: 기억납니다.

(중략)

소크라테스: 그런데 이 선분을 대각선이라고 기하학자들은 부르지, 메논의 아이야, 네가 말하듯이 이 대각선으로부터 두 배의 도형이 생길 거야.

소년: 물론입니다. 소크라테스.

[그림 6-5] 부평역 보도 타일
(Photo: J. Park)

다 고 바빌로니아 점토판 BM 15285 뒷면에 20개의 기학적 주제에서 3번째 열 4번째 도형으로 한 변의 길이가 1(ninda)인 정사각형 내에 16개의 삼각형의 넓이를 구하는 문제이다. 이를 종합하면 두 배의 작도 문제의 뿌리는 고대 이집트와 고 바빌로니아에서 찾을 수 있다[5].

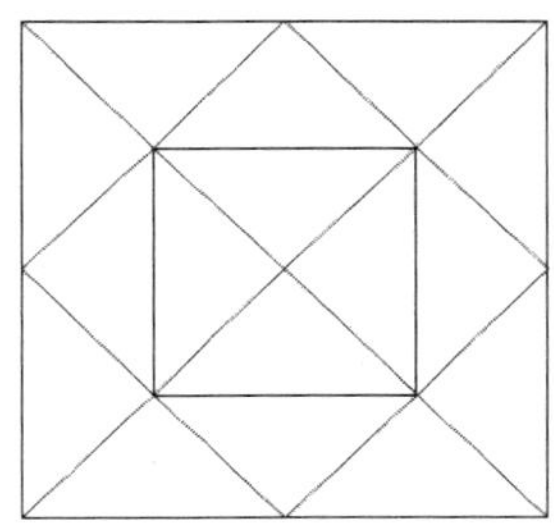

[그림 6-6] BM 15285

라 플라톤은 《Theaitetos》에서 앎에 대한 예비적 정의의 시도와 이에 대항 비판으로 제곱근을 소개하는 데 소크라테스와 Theaitetos의 대화를 보자[6] (pp.82-83).

데아이테토스: 여기 계신 테오도로스 선생님께서는 제곱근(dynamis)과 관련해서, 즉 3pous의 제곱근 및 5pous의 제곱근과 관련해서 저희에게 작도를 해 주시면서, 제곱근들이, 길이에서 1피트인 변과는 통약(symmetroi)될 수 없다는 것을 보여 주셨고, 17pous의 제곱근에 이르기까지 각기 하나씩 택하여 그런 식으로 해 주셨답니다. 한데 어찌된 일인지 거기서 막히셨습니다. 그래서

5) J. Friberg, Amazing traces of a Babylonian origin in Greek mathematics. New Jersey: World Scientific, 2007.

6) Platon(정준영 옮김), Theaitetos, 이제이북스, 2013.

다음과 같은 생각이 우리에게 떠올랐답니다. 제곱근들이 개수에서 무한한 것으로 드러난 만큼, 그것들을 하나로 모으는 시도를 하여 그것을 가지고서 이 모든 제곱근들을 불러야겠다고 말입니다

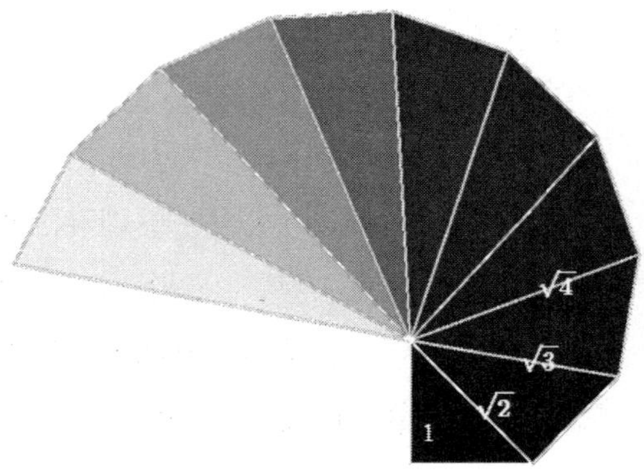

[그림 6-7] Abu'l-Wafa(940-998)의 나선

Plato의 대화편 《Theaitetos》의 극중 시점은 기원전 399년이고 Theodorus (Cyrene)를 노인(old man)으로 묘사한다. 이는 다른 기록에서 Theodorus가 기원전 470 또는 기원전 460에 태어났다는 것과 일치한다. Hippasus는 Theodorus 이전 세대로 세대에 대한 고대의 표현 관례에 따라 30-40세 정도 차이가 나며 따라서 기원전 510~490년에 태어난 것으로 예측한다. Plato는 Theodorus가 $\sqrt{3}$, $\sqrt{5}$, $\sqrt{6}$, $\sqrt{7}$, $\sqrt{8}$, $\sqrt{10}$, $\sqrt{11}$, $\sqrt{12}$, $\sqrt{13}$, $\sqrt{14}$, $\sqrt{15}$, $\sqrt{17}$이 유리수가 아님을 Theodorus가 증명했다는 것을 보여주고 있다. 어떤 방법으로 증명을 했는지 그리고 $\sqrt{17}$까지만 보인 이유는 아직 논쟁거리이지만 $\sqrt{2}$는 Theodorus의 증명 이전에 이루어진 것은 분명하다. 필자는 증명을 짝수와 홀수로 나누어 시도하지 않았다고 보는데 만일 짝수와 홀수로 나누어 시도했다면 일반화도 가능했을 것이다[7]. 이에 따라 Fritz(1945)는 Hippasus가 $\sqrt{2}$를 무리수로 인지한 시점을 5세기 중반을 넘지 않는 것으로 주장한다.

논제 1 Theodorus는 어떻게 증명했을까? 이를 상상해보자.

논제 2 유리화를 이용하여 $\sqrt{2}$를 연분수로 나타내 보자.

7) M. Misiurewicz, Irrational square roots, College Math. J. 44(1)(2013) 53-55.

논제 해설

논제 1 Theodorus는 어떻게 증명했을까? 그 기록은 없지만 다음을 통하여 상상해 보자.

① $\sqrt{2}$가 유리수가 아님을 보이자. 먼저 서로소인 두 양의 정수 m, n에 대하여 $\sqrt{2} = m/n$이면 $m^2 = 2n^2$이다. 따라서 m은 짝수이므로 $m = 2v$이고 이로부터 $2v^2 = n^2$이다. 그러므로 n도 짝수이다. 이는 서로소의 모순이므로 $\sqrt{2}$는 유리수가 아니다.

② 이제 $\sqrt{3}$으로 옮겨가 보자. 먼저 서로소인 두 양의 정수 m, n에 대하여 $\sqrt{3} = m/n$이면 $m^2 = 3n^2$이다. n이 짝수라 가정하면 m^2이 짝수이므로 m도 짝수이다. 따라서 모순이 발생한다. m, n이 모두 홀수라 가정하자. 즉, $m = 2v+1, n = 2w+1$. 이때, $(2v+1)^2 = 3(2w+1)^2$ 또는

$$2v^2 + 2v = 6w^2 + 6w + 1$$

이다. 왼쪽은 짝수이고 오른쪽은 홀수이므로 모순이 발생한다.

③ 이제 $\sqrt{5}$로 넘어가 보자. 서로소인 두 양의 정수 m, n에 대하여 $\sqrt{5} = m/n$이면 $m^2 = 5n^2$이다. n이 짝수이면 m^2도 짝수이고 따라서 m은 짝수로 모순이 발생한다. 한편, m이 짝수이면 $5n^2$이 짝수이고 따라서 n이 짝수이므로 이 경우도 모순이 발생한다. 이제 m, n 모두 홀수라 가정하자. 즉, $m = 2v+1, n = 2w+1$이다. 이때, $(2v+1)^2 = 5(2w+1)^2$에서

$$v(v+1) = 5w^2 + 5w + 1$$

이다. 왼쪽은 짝수이고 오른쪽은 홀수임을 쉽게 확인할 수 있다. 따라서 $\sqrt{5}$는 유리수가 아니다.

④ 이제 여러분은 어떻게 하시겠습니까? 그 다음 수로 넘어갈까요? 아니면 이를 홀/짝으로 일반화하여 접근할까요?[8)] 플라톤의 스승 Theodorus는 어떻게 증명했을까? 즐거운 상상을 해 보자.

8) M. Misiurewicz, Irrational square roots, College Math. J. 44(1) (2013) 53-55.

논제 2 $\sqrt{2}-1=\dfrac{1}{\sqrt{2}+1}$의 의미를 살펴보자.

(1) $\sqrt{2}=1+(\sqrt{2}-1)=1+\dfrac{1}{\sqrt{2}+1}$

$$=1+\cfrac{1}{2+(\sqrt{2}-1)}$$

$$=1+\cfrac{1}{2+\cfrac{1}{2+(\sqrt{2}-1)}}$$

$$=1+\cfrac{1}{2+\cfrac{1}{2+\cfrac{1}{2+(\sqrt{2}-1)}}}$$

등으로 계속 전개된다.

(2) (1)로부터 2와 관련된 연분수

$$1+\frac{1}{2}=\frac{3}{2},\ 1+\cfrac{1}{2+\cfrac{1}{2}}=\frac{7}{5},\ 1+\cfrac{1}{2+\cfrac{1}{2+\cfrac{1}{2}}}=\frac{17}{15}$$

를 얻어 나갈 수 있다.

글쓰기 주제 및 과제

1. 플라톤의 메논(Plato's Meno, 86e-87b)을 번역해보자.

먼저, 〈플라톤, 메논(이상인 옮김), 이제이북스, 2010〉를 살펴보는 데 변역서를 확실하게 이해하기가 어렵다고 본다. 보다 나은 해석을 위하여 다음 Meyers의 영문 번역[9])을 참고해보자.

But at any rate relax your mastery of me to a small extent, and allow that we should consider whether it is teachable, or whatever, from a hypothesis. I mean 'from a hypothesis' in this way, the way the geometers often examine, when

9) J. Meyers, Plato's geometric hypothesis: Meno 86e-87b, Aperion 21(3) (1988), 173-180.

someone asks them, for example, about an area, whether it is possible to inscribe this area in this circle as a triangle. [A geometer] might say, 'I don't yet know whether this [area] is such [as to make the construction possible], but I think I have as it were a hypothesis that would help towards the question, as follows: if this area is such that when it is applied to the given line [sc. the diameter of the circle], it falls short by an area similar to the applied area, then one thing seems to me to follow, but another if it is impossible for this to happen. Having hypothesized, then, I am willing to tell you what follows about inscribing [the area] in the circle, whether it is impossible or not.' (86e-87b)

2. 다음 제시문을 참고하여 배적문제의 역사[10]를 교안으로 작성해 보자.

[제시문]

본 배적문제(Duplication of cub)는 세 단계를 거쳐 발전한다.

① 첫 발전은 Hippocrates(B.C. 430년경)에 의하여 이루어지는데, 이를 길이가 주어진 두 개의 선분 a와 $2a$에 대하여 등비수열(geometric progression) $a, x, y, 2a$를 이루는 x와 y를 구하는 것으로 변형한다. 환언하면 $\frac{a}{x}=\frac{x}{y}=\frac{y}{2a}$이다.

② 두 번째 발전을 보자. Menaechmus(B.C. 350)는 직원뿔에서 옆면을 수직면으로 잘라 만든 곡선은, 현대 기호로, $y^2=lx$ (여기서 l은 원뿔의 꼭짓점과 자르는 평면 사이의 거리에서 결정되는 상수) 라는 것을 얻었다. Menaechmus는 두 포물선($x^2=ay$, $y^2=2ax$)의 교점 또는 포물선($y^2=(a/2)x$)과 쌍곡선($xy=a^2$)의 교점으로 배적문제를 발전시키며 이 과정에서 포물선, 쌍곡선, 그리고 의도치 않게 타원을 발견한 것으로 여기고 있다(Merzbach·Boyer, 2011, pp.84-86).

③ 세 번째 발전은 기원전 250년에 Nicomedes에 의하여 이루어진다. 그는 각의 삼등분과 정육면체의 두 배 문제를 두 개의 점을 표시한 자를 이용한 작도로 발전시킨다(A. Baragar, 2002). 이 과정에서 나타나는 곡선이 나선(conoid)이다. Pappus(A.D. 290∼350)는 고대 그리스 작도문제를 자와 컴퍼스로 해결되는 것을 평면문제(plane), 원뿔곡선으로 해결되는 것을 입체문제(solid), 그리고 보다 복잡한 곡선으로 해결되는 것을 길이와 관계되는 문제(linear)로 분류한다.

10) U. Merzbach and C. Boyer, A history of mathematics, 3rd ed. New Jersey: Wiley, 2011.

07 무리수 $\sqrt{2}$

Keywords Monoton Convergence Theorem, 이차방정식, 수열, 고대 바빌로니아인의 577/408, 명제

제시문

가 고 바빌로니아 시대의 점토판 YBC 7289는 대각선 길이를 $1+\frac{24}{60}+\frac{51}{60^2}+\frac{10}{60^3}$으로 제공한다(E. Brown, 1999).

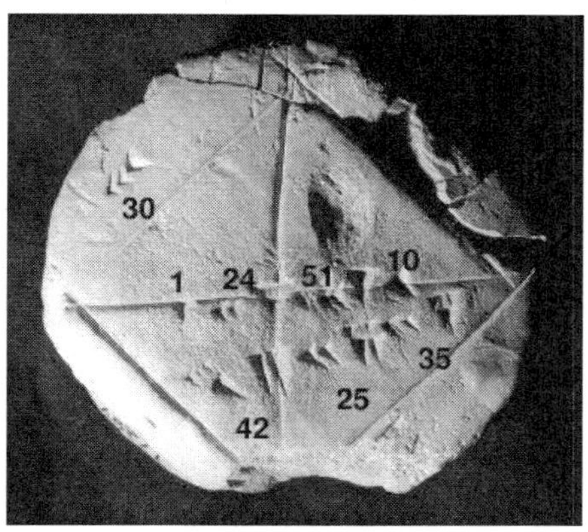

[그림 7-1] Tablet number 7289

따라서 고 바빌로니아(B.C. 2000~B.C. 1600)인들은 60진법을 사용하였으며 기록(Tablet No. 7289)에 의하여 $\sqrt{2}$를

$$\sqrt{2} = 1+\frac{24}{60}+\frac{51}{60^2}+\frac{10}{60^3}$$

로 사용하였다. 그 이유에 대한 가장 신뢰성 높은 추정은 다음과 같은 두 단계 접근법에 두고 있다[1)] (1999년).

(1) $x < \sqrt{2}$ 이면 $\dfrac{2}{x} > \sqrt{2}$ 이고

(2) 두 수 x와 $\dfrac{2}{x}$의 산술평균 $\dfrac{1}{2}(x+\dfrac{2}{x})$은 x나 $\dfrac{2}{x}$보다 $\sqrt{2}$에 가깝다.

따라서 수열 $\{x_n\}$의 점화식

$$x_{n+1} = \frac{1}{2}\left(x_n + \frac{2}{x_n}\right) \quad (n = 1, 2, 3, \ldots) \qquad (7\text{-}1)$$

을 얻는다.

논제 1 (1) 고대 바빌로니아인들이 사용한 $\sqrt{2}$를 분수로 나타내어라.

(2) 점화식 $x_{n+1} = \dfrac{1}{2}\left(x_n + \dfrac{2}{x_n}\right)$ $(n = 1, 2, 3, \ldots)$에서 $x_1 = \dfrac{3}{2}$ 으로 시작할 때, x_3을 구하여라.

(3) 점화식 $x_{n+1} = \dfrac{1}{2}\left(x_n + \dfrac{2}{x_n}\right)$ $(n = 1, 2, 3, \ldots)$에서 $x_1 = \dfrac{3}{2}$ 으로 시작할 때, $x_n > \sqrt{2}$ 이고 감소하는 수열임을 보여라. 즉, $x_n - x_{n+1} > 0$ $(n = 1, 2, 3, \ldots)$.

논제 2 뉴턴의 방법으로 식 (7-1)을 재발견해보자.

논제 3 방정식 $x^2 - 2y^2 = 1$의 양의 정수해를 구하여보자. 먼저,

$$x^2 - 2y^2 = (x + y\sqrt{2})(x - y\sqrt{2})$$

이고 방정식 $x^2 - 2y^2 = 1$에서 양의 정수해 $(x, y) = (3, 2)$를 쉽게 구할 수 있다. 이때,

---

1) E. Brown, Square roots from 1; 24, 51, 10 to Dan Shanks, The College Math. J., Vol. 30 (1999) 82-95.

$$1 = 3^2 - 2 \cdot 2^2 = (3+2\sqrt{2})(3-2\sqrt{2})$$

이다. 양쪽 끝 변에 제곱을 시행하면

$$1 = 1^2 = (3+2\sqrt{2})^2(3-2\sqrt{2})^2 = (17+12\sqrt{2})(17-12\sqrt{2})$$
$$= 17^2 - 2 \cdot 12^2$$

이다. 따라서 새로운 양의 정수해 $(x, y) = (17, 12)$를 얻는다. 이와 같은 방법으로 $\frac{577}{408}$이 $\sqrt{2}$의 근삿값임을 보여라.

논제 해설

논제 1 (1) $\sqrt{2} = 1 + \frac{24}{60} + \frac{51}{60^2} + \frac{10}{60^3} = \frac{577}{408}$

(2) 다음 표에서 $x_3 = 577/408$이다.

단계	x_i	$2/x_i$
1	3/2	4/3
2	17/12	24/17
3	577/408	

(3) 식 $x_{n+1} = \frac{1}{2}\left(x_n + \frac{2}{x_n}\right)$ 에서

① $\frac{1}{2}\left(x_n + \frac{2}{x_n}\right) > \sqrt{x_n \cdot \frac{2}{x_n}} = \sqrt{2}$ (산술평균과 기하평균의 비교)

② $x_n - x_{n+1} = x_n - \frac{1}{2}\left(x_n + \frac{2}{x_n}\right) = \frac{1}{2}\frac{(x_n^2 - 2)}{x_n}$

③ $x_n^2 - (2x_{n+1})x_n + 2 = 0$

따라서 x_n은 이차방정식 $x_n^2 - (2x_{n+1})x_n + 2 = 0$의 실근이다. 판별식 $4x_{n+1}^2 - 8$은 항상 양의 실수이다. 즉,

$$x_{n+1}^2 \geq 2 \ (n \geq 1)$$

그러므로

$$x_n - x_{n+1} = x_n - \frac{1}{2}\left(x_n + \frac{2}{x_n}\right) = \frac{1}{2}\frac{(x_n^2 - 2)}{x_n} \geq 0$$

을 얻는다.

논제 2 함수 $f(x)$에서 x축 위의 점 a에서 수직으로 올린 직선이 그래프와 만난 점에서 접선을 그어 x축과 만난 점을 a^*라 하면

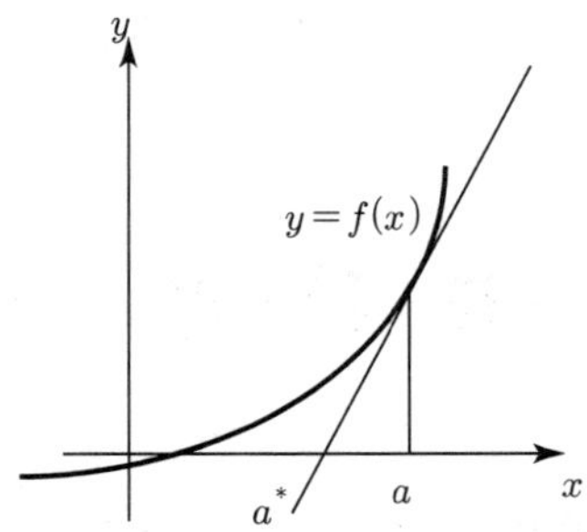

$$a^* = a - \frac{f(a)}{f'(a)}$$

함수 $f(x) = x^2 - 2$ 에서 $\sqrt{2}$ 를 x_1 으로 시작하면 수열

$$x_{n+1} = x_n - \frac{x_n^2 - 2}{2x_n}$$

을 얻는다. 특히, $x_1 = 2$로 하여 몇 개를 구하면 다음과 같다.

$$x_2 = x_1 - \frac{{x_1}^2 - 2}{2x_1} = \frac{3}{2},$$

$$x_3 = x_2 - \frac{{x_2}^2 - 2}{2x_2} = \frac{17}{12},$$

$$x_4 = x_3 - \frac{{x_3}^2 - 2}{2x_3} = \frac{577}{408}$$

논제 3 $1 = 1^2 = (3 + 2\sqrt{2})^2(3 - 2\sqrt{2})^2 = (17 + 12\sqrt{2})(17 - 12\sqrt{2})$이고

$$1 = 1^4 = (3 + 2\sqrt{2})^4(3 - 2\sqrt{2})^4 = (577 + 408\sqrt{2})(577 - 408\sqrt{2})$$
$$= 577^2 - 2 \cdot 408^2$$

따라서 $\frac{577}{408}$이 $\sqrt{2}$의 (좋은) 근삿값이다.

글쓰기 주제 및 과제

주제 1

다음 자료는 $\sqrt{2}$가 유리수가 아니라는 증명과 평균값정리를 소개하고 있다. 이를 바탕으로 $\sqrt{2}$에 대한 교안을 만들어 보자.

1. $\sqrt{2}$가 유리수라 가정하자.

즉, $\sqrt{2}=\frac{p}{q}$이다. 이때, 두 양의 정수 p,q $(p>q)$를 가장 작은 정수로 가정하자.

그러면

① $\sqrt{2}=\frac{p}{q}<2$이므로 $p<2q$ 또는 $0<p-q<q$

② $p=\sqrt{2}q$, $p^2=2q^2$, $p^2-pq=2q^2-pq$, $p(p-q)=q(2q-p)$

따라서

$$\frac{p}{q}=\frac{2q-p}{p-q}$$

그런데 $0<p-q<q$이므로 최소 정수 선택에 모순이 생긴다. 따라서 $\sqrt{2}$는 무리수이다.

2. $\sqrt[n]{2}$ $(n\geq 3)$는 무리수이다[2].

증명 $\sqrt[n]{2}$가 유리수라 가정하자. 즉, 서로소인 두 양의 정수 p,q에 대하여 $\sqrt[n]{2}=\frac{p}{q}$라 하자. 이때, 등식은 $2q^n=p^n$이고 따라서

$$q^n+q^n=p^n$$

따라서 Andrew Wiles가 증명한 페르마의 마지막정리에 의하여 위 등식을

2) Richard Ehrenborg, William Schultz (2003년)

만족하는 정수 p, q 는 존재할 수 없다. 따라서 $\sqrt[n]{2}$ 는 무리수이다.

3. 평균값 정리로 $\sqrt{2}$를 바라보자.

함수 구간 $[1,2]$ 에서 $f(x) = \sqrt{x}$ 에 평균값정리를 사용하면

$$\frac{\sqrt{2}-1}{2-1} = f'(c) = \frac{1}{2\sqrt{c}}$$

를 만족하는 $c \in (1,2)$가 존재한다. 이때, $1 < c < 4$이므로 $2 < 2\sqrt{c} < 4$이고 따라서

$$\frac{1}{4} < \frac{\sqrt{2}-1}{2-1} < \frac{1}{2} \text{ 또는 } 1+\frac{1}{4} < \sqrt{2} < 1+\frac{1}{2}$$

을 얻는다.

주제 2 본 글쓰기는 추상대수학에서 환론을 바탕으로 작성한 것이다. 환론을 아직 접하지 않은 독자는 본 글쓰기를 뒤로 미루자. 유리화에 관한 다음 질문에 대하여 생각해 보자.

> **질문 1** 유리화 $\frac{1}{1+\sqrt{2}}$의 계산에서 분자/분모에 곱한 $\sqrt{2}-1$은 어떻게 나온 것일까?(제6강 논제 2 참고)
>
> **질문 2** 그렇다면 $\frac{1}{1+\sqrt[5]{2}+\sqrt[5]{8}}$을 유리화할 때, 분자/분모에 무엇을 곱해야하나?
>
> **질문 3** 유리화 $\frac{1}{1+\sqrt{2}}$의 용도는 무엇인가?

다항식 $p(x) = x^2 - 2$는 $\mathbb{Q}$ 위에서 기약다항식3)이므로 x^2-2로 생성된 단항이데알(principal ideal) $< x^2 - 2 >$는 극대이데알(maximal ideal)이다. 따라서 잉여환(factor ring)

---

3) 기약다항식(irreducible polynomial) 판정법(Eisenstein's Criterion): $p \in \mathbb{Z}$ 가 소수이고 $f(x) = x^n + a_{n-1}x^{n-1} + \cdots + a_1 x + a_0 \in \mathbb{Z}[x]$에 대하여 $p | a_i$ $(i = 0, 1, \cdots, n-1)$ 이고 $p^2 \nmid a_0$이면 $f(x)$는 $\mathbb{Q}[x]$에서 기약다항식이다.

$$\frac{\mathbb{Q}[x]}{< x^2-2 >} \simeq \{a_0 + a_1 t \mid a_i \in \mathbb{Q}, t^2 = 2\},$$

$$a_0 + a_1 x + < x^2 - 2 > \quad \leftrightarrow \quad a_0 + a_1 t$$

는 체(field)이다. 한편, 두 다항식 x^2-2, $x+1$에 몫과 나머지를 적용하면

$$x^2 - 2 = (x+1)(x-1) - 1 \tag{7-2}$$

인데, 식 (7-2)를 체 $\frac{\mathbb{Q}[x]}{< x^2-2 >}$에서 다시 쓰면,

$$0 = (t+1)(t-1) - 1 \ \text{(여기서 } t = x + < x^2 - 2 >\text{)}$$

이므로

$$(t+1)(t-1) = 1 \ \text{또는} \ (t+1)^{-1} = t-1$$

따라서 $\frac{1}{\sqrt{2}+1} = \sqrt{2}-1$이다. 유리화를 바탕으로

$$\sqrt{2} = 1 + \frac{1}{\sqrt{2}+1} = 1 + \frac{1}{2+(\sqrt{2}+1-2)} = 1 + \cfrac{1}{2+\cfrac{1}{\sqrt{2}+1}}$$

$$= 1 + \cfrac{1}{2+\cfrac{1}{2+(\sqrt{2}-1)}}$$

$$= 1 + \cfrac{1}{2+\cfrac{1}{2+\cfrac{1}{2+(\sqrt{2}-1)}}}$$

등으로 계속 전개된다. 이로부터 얻은 수열 $1+\frac{1}{2}$, $1+\cfrac{1}{2+\cfrac{1}{2}}$, $\cdots$은 $\sqrt{2}$로 수렴하며 각 항은 $\sqrt{2}$의 근삿값이다.

참고로 $\frac{1}{1-\sqrt{2}} = -\sqrt{2}-1$이므로 이 유리화를 거듭 사용하면

$$-\sqrt{2}-1=\frac{1}{1-\sqrt{2}}=\frac{1}{2+(-\sqrt{2}-1)}=\frac{1}{2+\cfrac{1}{2+\cfrac{1}{2+\cdots}}}$$

으로 (좌변) 끝은 음수이고 (우변) 끝은 양수인 모순을 얻기도 한다. 따라서, 연분수로 표현한 후 결과를 꼭 검토하여야한다[4].

이제 독자들은 [질문 2]의 다음 풀이를 바탕으로 유리화의 의미를 500자로 기술해 보자.

[문제] $\frac{1}{1+\sqrt[5]{2}+\sqrt[5]{8}}$을 유리화하여라.

풀이 다항식 $p(x)=x^5-2$는 $\mathbb{Q}$ 상에서 기약다항식(irreducible polynomial)이므로 x^5-2로 생성된 단항이데알(principal ideal) $<x^5-2>$는 극대이데알(maximal ideal)이다. 따라서 환(factor ring)

$$\frac{\mathbb{Q}[x]}{<x^5-2>}\simeq\left\{\mathrm{a}_0+\mathrm{a}_1\mathrm{t}+\mathrm{a}_2\mathrm{t}^2+\mathrm{a}_3\mathrm{t}^3+\mathrm{a}_4\mathrm{t}^4 \mid \mathrm{a}_\mathrm{i}\in\mathbb{Q},\mathrm{t}^5=2\right\}$$

는 체(field)가 된다. 예를 들어, 곱셈을 하나 확인하면

$$t^4(t^3+1)=t^7+t^4=t^2t^5+t^4=2t^2+t^4$$

이다. 이제 $1+t+t^3$의 역원(inverse) $(1+t+t^3)^{-1}$을 구해보자. 먼저 x^5-2와 $1+x+x^3$에 몫과 나머지를 거듭 사용해 보자(Euclidean algorithm).

$$x^5-2=(x^3+x+1)(x^2-1)-(x^2-x+1),$$
$$x^3+x+1=(x^2-x+1)(x+1)+x,$$
$$x^2-x+1=x(x-1)+1.$$

따라서 이 과정을 거꾸로 올라가면

$$1=(x^2-x+1)-x(x-1)$$

4) 손재범, 큐-급수와 큐-연분수에 대한 소개, 과학과 지평, 고등과학원, 45(2011), 8-12.

$$= (x^2 - x + 1) - [(x^3 + x + 1) - (x^2 - x + 1)(x + 1)](x - 1)$$
$$= -(x - 1)(x^3 + x + 1) + (x^2)(x^2 - x + 1)$$
$$= -(x - 1)(x^3 + x + 1) + x^2[(x^3 + x + 1)(x^2 - 1) - (x^5 - 2)]$$
$$= (x^4 - x^2 - x + 1)(x^3 + x + 1) + (-x^2)(x^5 - 2)$$

마지막 식의 의미를 살펴보면, 두 다항식 $f(x) = x^5 - 2$와 $g(x) = x^3 + x + 1$에 대하여

① 다항식 $f(x)$, $g(x)$로 생성된 단항이데알(principal ideal)의 합은 $\mathbb{Q}[x]$이다:

$$f(x)\,\mathbb{Q}[x] + g(x)\,\mathbb{Q}[x] = \mathbb{Q}[x].$$

② 두 다항식 $f(x) = x^5 - 2$와 $g(x) = x^3 + x + 1$의 최대공약수로 단원(unit) 1을 택할 수 있다(독자는 본 표현을 정확히 이해하기 바란다).

③ 단원 1은 $f(x)$, $g(x)$로 생성된 이데알에 속한다.

이제, $1 = (x^4 - x^2 - x + 1)(x^3 + x + 1) + (-x^2)(x^5 - 2)$을 체(field)

$$\frac{\mathbb{Q}[x]}{< x^5 - 2 >} \simeq \{a_0 + a_1 t + a_2 t^2 + a_3 t^3 + a_4 t^4 \mid a_i \in \mathbb{Q},\ t^5 = 2\}$$

로 옮겨가 보면 $1 = (t^4 - t^2 - t + 1)(t^3 + t + 1)$, $t = x + < x^5 - 2 >$이므로

$$(t^3 + t + 1)^{-1} = t^4 - t^2 - t + 1$$

이다. 그러므로 다음 유리화를 얻는다.

$$\frac{1}{1 + \sqrt[5]{2} + \sqrt[5]{8}} = \sqrt[5]{16} - \sqrt[5]{4} - \sqrt[5]{2} + 1$$

즉, $1 + \sqrt[5]{2} + \sqrt[5]{8}$의 역원을 체 $\mathbb{Q}[\sqrt[5]{2}]$에서 구한 것이다.

주제 3

1. 본 장에서는 $\sqrt{2}$에 대하여 알아보고 있다. 한편, 실수 $\sqrt{2}^{\sqrt{2}^{\sqrt{2}}}$는 불행하게도 아직도 유리수인지 유리수가 아닌지를 모르고 있다. 수학자들은 왜 이 문제를 해결하지 못하는 것일까? 이와 같이, 유리수인지 무리수인지 판정 못하는 수에 대하여 알아보자.

2. $\pi+e$ 는 유리수인지 무리수인지 판정하지 못한 수이다. 학교수학에서 두 무리수의 덧셈 $\sqrt{2}+(-\sqrt{2})$와 $\pi+e$ 는 각각 어떤 의미를 가지고 있는가?

3. 2009 개정 수학교육과정 『수학 II』에서 "그 내용이 참인지 거짓인지를 명확하게 판별할 수 있는 문장이나 식"을 명제라 한다. 대학 집합론에서는 흔히 명제[5]를 "명제는 참, 거짓 중 어느 한 경우이되 동시에 양쪽은 아닌 서술문"으로 정의한다[6]. 흔히 명제의 참 거짓은 곧바로 정할 수 있으나 경우에 따라서는 다소 힘든 경우가 있고 지금 결론을 내릴 수 없을 때도 있다.

다음 질문을 학생이 했을 때, 교과서의 정의에 따라 어떻게 설명할 것인가? 이를 1000자로 자신의 의견을 제시해보자.

- 질문 1: 문장 "$\pi+e$ 는 무리수이다"는 명제인가?
- 질문 2: 문장 "화성에는 생명체가 존재한다"는 명제인가?[7]

물론 대학 집합론에서는 명제이다.

---

5) 명제라는 말의 의미는 어떤 뜻으로 쳐도 기호라고 할 수 있는 대상에 한해, 참이거나 거짓을 판정할 수 있는 기호에 한해 주어지는 것이라고 믿는다. 단순한 공식 "$(a+b)^2=a^2+2ab+b^2$"은 명제가 아니다(버트런드 러셀(임정대 옮김), 수리철학의 기초, 경문사, 2009)

6) Y. Lin and S. Lin(이홍천 옮김), 집합론, 경문사, 2005.

7) 2009 수학과 개정교육과정에서 명제는 수학적인 문장을 이해하는 수준에서 다룬다.

08 대각선 성질(Diagonal Property)

Keywords 점토판 IM67118, 인도의 제단, 조군경, 본루, 불국사 백운교 계단

제시문

가 고 바빌로니아 점토판 IM67118에서 사각형에서 주어진 대각선의 길이 d와 넓이 A로부터 사각형의 두 변의 길이를 구하는 문제를 다룬다. 사각형의 두 변을 $u, s\ (u>s)$라 하고 $q=u-s$, $p=u+s$일때, $q^2=d^2-4(A/2)$, $p^2=q^2+4A$를 사용한다[1](Friberg, 2007). 이때, 흥미롭게도 $q^2+2A=d^2$, $q^2+2A=u^2+s^2$으로부터 $d^2=u^2+s^2$을 주목한다면 이는 소위 '피타고라스 정리'의 최초의 증명이 된다. 프라이베르크는 점토판의 계산을 바탕으로 증명의 가능성을 다음 그림으로 제시한다(Friberg, 2007, p.206).

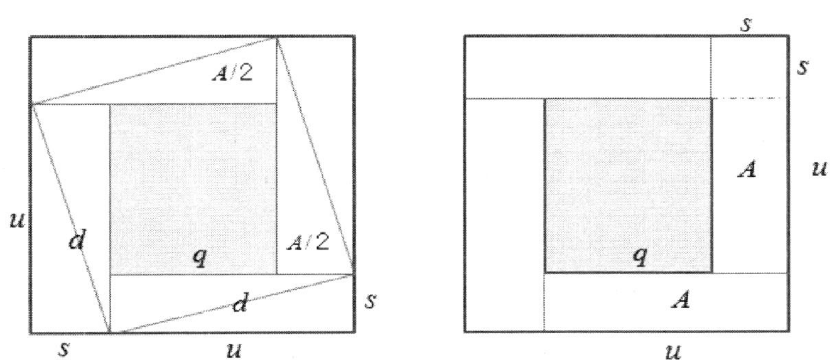

[그림 8-1] 고 바빌로니아인들의 대각선 규칙 증명

또한, 점토판 TMS 5와 BM 13901에 의하여 직각삼각형의 성질 $d^2=u^2+s^2$을 보인 것을 추측할 수 있다[2](Friberg, 2007, p.80-81]).

---

1) J. Friberg, A remarkable collection of Babylonian mathematical texts. New York: Springer. 2007.

2) J. Friberg, Amazing traces of a Babylonian origin in Greek mathematics. New Jersey: World

따라서 프라이베르크는 직각삼각형에서 대각선 규칙을 증명한 선구자로 고바빌로니아인(Old Babylonian, 2000-1600 BCE), 유클리드(Euclid, 4세기 BCE), 그리고 파푸스(Pappus, 4세기)를 들고 있다.

나 기원전 6세기 이전 인도에서는 제단을 설계하는 과정에서 직사각형을 정사각형으로 바꾸는 알고리즘을 다음과 같이 사용하였다.

- Algorithm:

  (step 1) rectangle = square - square

  (step 2) square - square = square

이를 구현하면 다음과 같다.

(1) 직사각형 ABCD에서 AD를 한 변으로 하는 정사각형 AEFD를 작도한다.
(2) 선분 FC의 중점 H를 작도한다.
(3) 한 변 FH를 가지고 정사각형 FHJB′을 만든다.
(4) 점 E를 중심으로 반경 EB′으로 원을 그려 선분 GJ 상의 교점 L를 구한다.
(5) 직사각형 ABCD의 넓이와 한 변 GL로 하는 정사각형의 넓이는 같다.

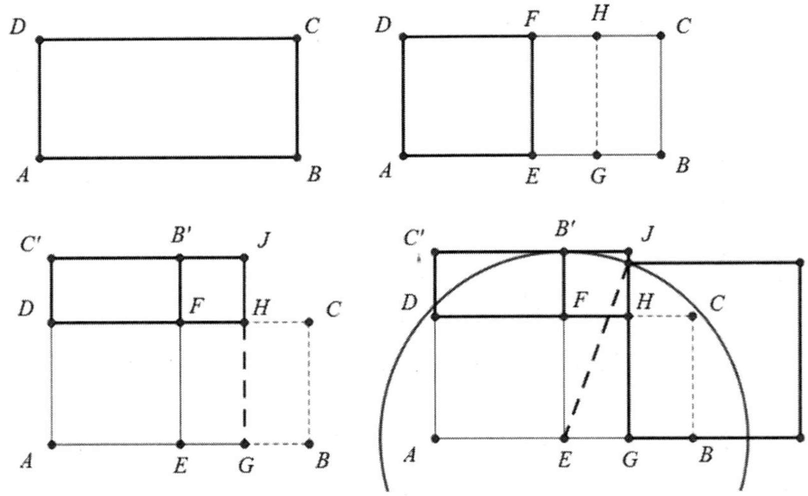

Scientific, 2007.

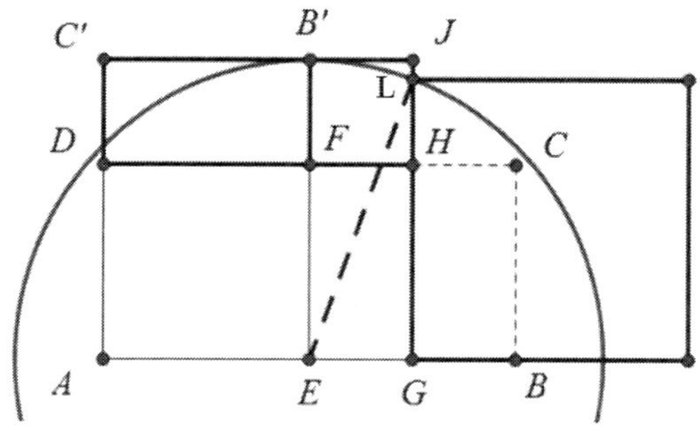

[그림 8-2] 인도인들의 정사각형화

이에 대하여 반 데어 배르덴(van der Waerden)[3]은 Seidenberg 의견을 들어 멋있는 피타고라스 정리의 증명이라고 말하고 있다. 또한 제단에서 사용한 직각삼각형의 크기는 다음과 같다.

(3, 4, 5), (12, 16, 20), (15, 20, 25), (5, 12, 13), (15, 36, 39),
(8, 15, 17), (12, 35, 37)

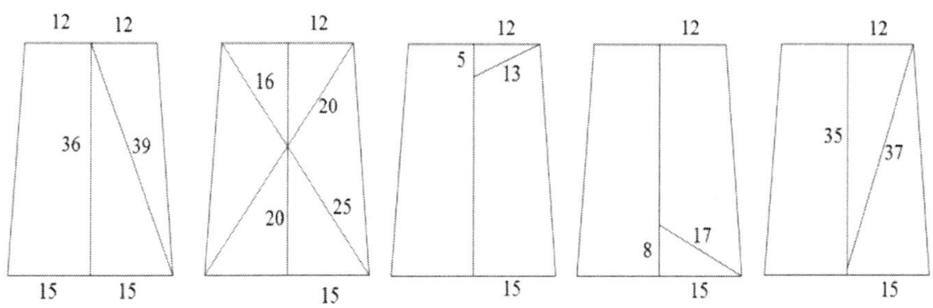

다 한편, 중국의 조군경(趙君卿)이 《주비산경》의 해설서에서 설명한 그림의 원본은 유실되었으며 이를 [그림 8-3]으로 추정하는데[4] (V. Katz, 2009) 우리는 출처를 Chinese Text Project(http://ctext. org/sunzi-suan-jing)로 하였으며 조군경이 증명한 시기를 반 데어 배르덴은 기원전 250년으로 본다.

조군경의 방법은 높이(句, 3), 밑변(股, 4), 빗변(弦, 5)로 하는데 이를 a, b, c로 각각 병기하면 [그림 8-3]의 왼쪽에서는 (朱實) $= \frac{1}{2}ab = 6$, (中黃實)

3) B. L. van der Waerden, Geometry and algebra in ancient civilizations, New York: Springer, 1983.

4) V. Katz, A history of mathematics: An introduction. 3rd ed. New York: Addison-Wesley, 2009.

$= (b-a)^2 = 1$, 그리고 (弦實) $= c^2 = 25$, 즉 현실25주급황을 나타내며 오른쪽 그림은 (句實)$= a^2 = 9$, 그리고 (股實)$= b^2 = 16$을 나타낸다.

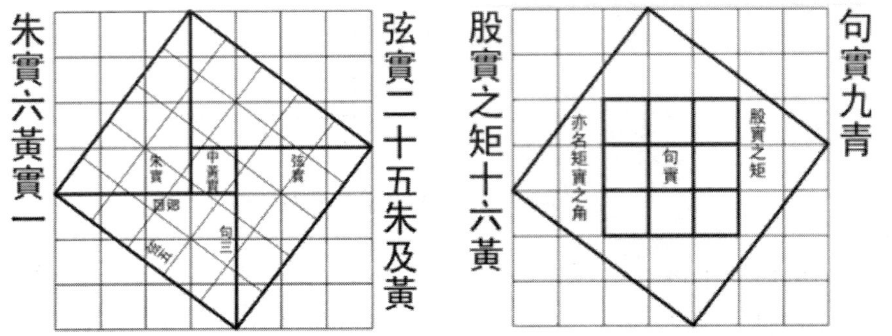

[그림 8-3] 유실된 조균경의 '구고 정리'의 복원 그림

㉣ 프라이베르크[5] (Friberg, 2007a)와 호이럽[6] (Høyrup, 2002)은 우리가 흔히 사용하는 '피타고라스 정리' 대신 '직각삼각형의 성질' 또는 '대각선 규칙' 등으로 용어를 사용하고 있다.

논제 1 직사각형을 정사각형으로 바꾸는 인도인의 알고리즘이 피타고라스 정리의 증명인지를 설명하여라.

논제 2 조균경의 방법을 수식으로 나타내어라.

5) J. Friberg, A remarkable collection of Babylonian mathematical texts. New York: Springer, 2007.

6) J. Høyrup, Lengths, widths, surfaces, A portrait of Old Babylonian algebra and its kin, New York: Springer, 2002.

논제 해설

논제 1 직사각형의 변을 각각 $a,b(a>b)$라 하자. 이때,

$$\begin{aligned}(GL)^2 &= (EL)^2 - (EG)^2 \\ &= (EB')^2 - (EG)^2 \\ &= \left(b+\frac{a-b}{2}\right)^2 - \left(\frac{a-b}{2}\right)^2 \\ &= ab\end{aligned}$$

논제 2 조군경의 방법을 문자로 표현하면 각각

$$c^2 = 4\left(\frac{1}{2}ab\right) + (b-a)^2,\ \ b^2 = c^2 - a^2$$

로 직각삼각형의 성질 $a^2+b^2=c^2$의 증명을 추정할 수 있다.

글쓰기 주제 및 과제

1. 유클리드의 원론 Book II, Proposition 14의 내용과 인도인들의 알고리즘을 비교하여라. 명제 14는 기원전 400년 이전에 고대 그리스인들이 발견한 것으로 보기에는 어렵다.

2. 야구장 규격은 다음과 같다.

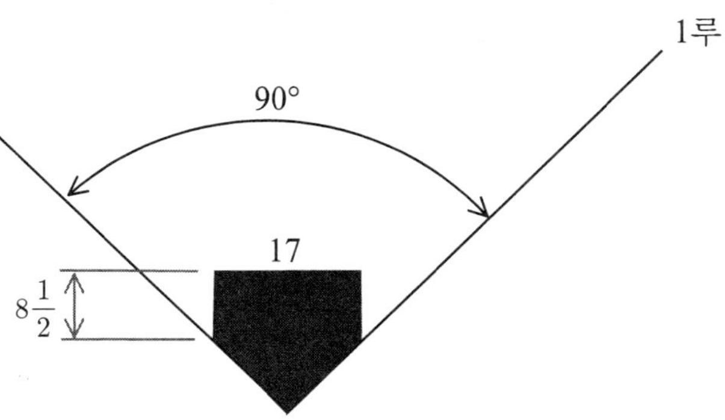

본루는 5각형의 흰색 고무판으로 사용한다. 이 5각형을 만들 때에는 먼저 한 변이 43.2cm(17인치)인 정사각형을 그려, 43.2cm(17인치)의 한 변을 골라 이에 이웃한 양쪽의 변을 21.6cm($8\frac{1}{2}$인치)로 한다. 이 변에서 밑변의 중심으로 각 30.5cm(12인치)의 변을 2개 만든다. 30.5cm(12인치)의 두 변이 만나는 곳을 본루·1루선, 본루·3루선의 교차점에 두고, 43.2cm(17인치)의 변을 투수판 쪽으로 하고, 두 개의 30.5cm(12인치)의 변이 1루선 및 3루선에 일치하여 그 표면이 지면과 수평이 되도록 고정시킨다. 규정대로 본루를 그리면 다음과 같다.

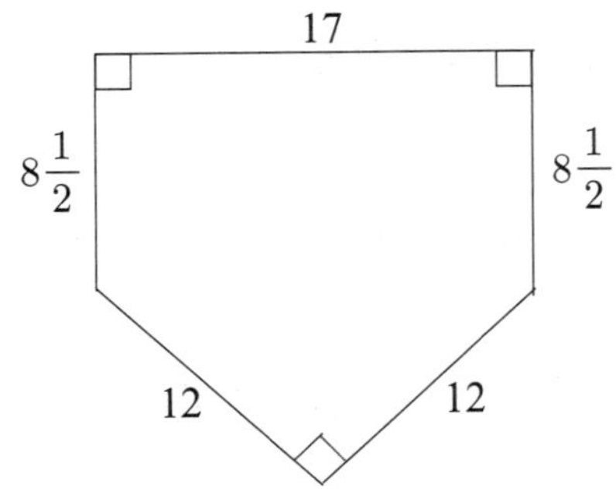

이제 피타고라스 정리를 사용하면

$$17^2 = 12^2 + 12^2$$

이어야 한다. 그러나 위의 식에서 좌변과 우변은 같지 않다. 따라서 본루의 모양과 크기에 대한 공인야구규칙은 모순을 갖고 있다. 이와 같은 모순이 벌어지는 상황에 대한 의견을 1000자로 써보자. 중학생을 대상으로 한 지도안을 제시해 보자.

3. 불국사 백운교 계단은 다음 그림처럼 우리나라 초등학교 교과서나 일부 중학교 교과서에서 3-4-5 삼각형으로 소개되고 있다. 이는 근거없는 주장이다.

[그림 8-4] 불국사 백운교 계단-초등 교과서

그러나 안내판에는 직각 이등변삼각형으로 소개하고 있다.

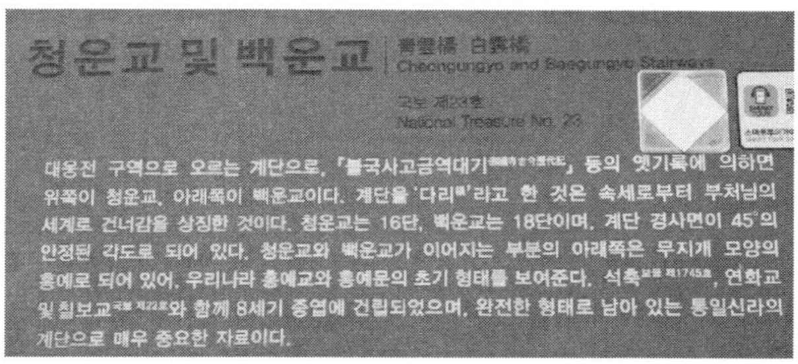

[그림 8-5] 청운교 및 백운교 안내판

더욱 엄격한 증거를 필자는 찾지 못하였다. 이에 대하여 알아보자. 안내판을 따른다면 불국사 백운교 계단은 직각이등변삼각형을 따른다.

09 기축시대(Axial Age)

Keywords 탈레스, 피타고라스, 기축시대

제시문

가 피타고라스가 피타고라스 정리를 증명했을까? 피타고라스 학파(Pythagorean)의 활동 기간은 기원전 585년부터 대략 기원전 400년까지(M. Kline, 1972)[1] 이며 피타고라스 학파의 증명여부는 광범위하게 연구되어왔는데, 클라인이 제공하는 대답은 아닐 수 있다는 것이다. 직각삼각형의 대각선 성질의 증명에서 삼각형의 닮음 성질을 사용하면 상대적으로 쉬운데, 피타고라스 학파는 완벽한 닮음비의 이론을 가지고 있지 않았다. 유클리드의 방법(Euclid, Book I, Proposition 47)은 어려운데 그 이유는 닮음 도형의 성질을 사용하지 않기 때문이다. 클라인이 제시하는 최상의 가능성은 특수한 경우의 산술계산을 토대로 학파의 구성원들이 그 결과를 확신하고 기원전 400년 경 후기 피타고라스 학파에서 논리적인 증명이 이루어질 수 있다는 것이다. 메르츠바흐·보이어(Merzbach·Boyer, 2011, p.45)[2]도 피타고라스 학파가 처음으로 증명했다는 추측은 정당화될 수 없다고 말하며 초기 피타고라스 학파는 바빌로니아로부터 정보를 얻어 본 정리를 잘 알고 있던 것으로 설명한다.

나 버넬에 따르면 사료비평(또는 문헌비평, source criticism)의 기법은 1820년대부터 이집트에서 공부한 그리스인이 남긴 기록을 공격하는 데 이용되기 시작했다[3].

1) M. Kline, Mathematcal thought from ancient to modern times, Vol. 1. Oxford: Oxford Univ. Press, 1972.
2) U. Merzbach and C. Boyer, A history of mathematics, 3rd ed. New Jersey: Wiley, 2011.
3) M. Bernal, 블랙 아테나, 제1권(오흥식 옮김), 서울: 소나무, 2011.

19세기 인종주의의 심화와 더불어 이집트에 대한 혐오가 점차 고조되면서 사람들은 이집트를 더 이상 그리스의 문화적 선조가 아닌 것으로 하였다. 제2차 세계 대전 무렵에는 그리스가 이집트와 페니키아에서 상당한 문화적·언어적 차용을 한 바 없으며, 그리스 현자들이 이집트에서 수학했다는 것은 흥미롭기는 하지만 터무니없는 소리에 불과하다는 생각이 확고히 자리 잡았다.

이암블리쿠스(Iamblichus, 250-330)[4]에 따르면 18세에 고향을 떠난 피타고라스는 탈레스의 제자가 되었으며 본인이 고령인 이유에서 탈레스는 피타고라스가 이집트로 수학하기를 종용했다고 하며 특히, Memphis와 Diospolis의 사제들을 만나기를 권했다고 한다(Iamblichus, 1991, p.39). 피타고라스는 이집트의 신전에서 22년간 머무르면서 천문학, 기하학 등을 수학하고 바빌론에서 12년간 머무르면서 수론, 음악, 수리과학을 배워 지식이 최고점에 도달한 56세에 사모스로 돌아간다(Iamblichus, 1991, p.45). 이소크라테스(Isokrates, 436-338 BCE)는 "피타고라스는 이집트 방문 중에 그 민족의 종교를 배우는 학생이 되었으며 그리스인에게 처음으로 온전한 철학을 가져다주었다."고 분명히 명시한다(M. Bernal, 2011).

그러나 이암블리쿠스의 저서를 번역한 딜런(J. Dillon)과 허쉬벨(J. Hershbell)은 주석에서 피타고라스가 기원전 532년에 폴뤼크라테스의 학정(Polycrates' tyranny)으로 사모스를 떠났다는 아리스토크세누스의 진술만으로 이암블리쿠스의 기록을 아주 터무니없이 꾸며낸 이야기로 단정한다. 이 시기는 피타고라스가 이집트에 체류한 시기와 관계가 없는데도 말이다. 또한, 그들은 피타고라스가 이집트에서 오랫동안 연구한 바를 토대로 학파를 설립했다는 헤로도토스의 기록도 믿을 수 없는 것으로 적고 있다(Herodotos, 2012, 81; M. Bernal, 2011)[5]. 버낼의 《블랙 아테나 1, 2》가 출간된 이후 팔터(R. Palter, 1993)[6]는 버낼의 주장을 반박하는 논문에서 "피타고라스가 수학적, 종교적 원리를 이집트로 부터 배워 그리스로 돌아가 학파를 설립했다는 것은 불가능하다."고 단정 짓고 버커트(W. Burkert)의 주장을 인용하여 수학자로서 피타고라스에 관한 그 시기의 전승은 이야기로 전달된 것이 아니라 명백히 조

4) Iamblichus, On the Pythagorean way of life(Text, Translation, and Notes: J. Dillon and J. Hershbell). Atlanta: Scholars Press, 1991.
5) Herodotos, 역사(천병희 옮김), 경기도: 도서출판 숲, 2012.
6) R. Palter, Black Athena, Afro-centrism, and the history of science. Hist. Sci. **31**(1993), 227-287.

작된 것이라고 주장한다. 한편, 로베르는 학술적 계보학을 언급하면서 피타고라스가 20년간 이집트에 머물렀다는 것을 전설로 한다(J. Robert, 2000, p.296)[7].

다 기축시대와 관련된 저자들의 주장을 영문으로 소개해 본다.

(K. Jaspers, 1949) In the middle of the 1st millennium BC, by some mysterious osmosis, there was supposed to have been a simultaneous cultural break through in Greece, with Socrates, Plato and Aristotle, ….

(D. Veljan, 2000) Pythagoras and many other well-known philosophers lived and worked around the same time, but in other civilizations. Let us mention only Gautama Buddha in eastern Asia, Confucius in China, Zoroaster in Persia, and the prophet Isaac in Judea. Was this simultaneous flowering of philosophy a mere accident?

(M. Bernal, 1991) - The concept of the 'Axial age' allows Greece, and hence Europeans, to be in at the beginning of world civilization. Thus the Bronze Age cultures of Asia and Africa were, and had to be, denied.

- By denying the scientific and philosophical and religious significance of all the great Bronze Age civilizations, the idea of an 'Axial Age' eliminates Mesopotamia, the Levant and Egypt as sources of Greek and hence European civilization.

(Iamblichus) So he spent 22 years in the sanctuaries of Egypt, studying astronomy and geometry …

(Isokrates) On a visit to Egypt Pythagoras became a student of the religion of the people, and was the first to bring to the Greeks all philosophy.

(Herodotos) there was a such a person as Pythagoras and that his

7) J. Robert, 로마에서 중국까지(조성애 옮김). 서울: 이산, 2000.

school was established on the basis of his long studies in Egypt.

(W. Burkert, R. Palter, 1993) .. the tradition of Pythagoras as a mathematician was apparently "manufactured" rather than "transmitted" during this period

(W. Warburton, 1698-1779) … while Pythagoras had studied in Egypt for 21 years he had set out his theorems only on his return to Greece. … The Egyptians had been unable to hypothesize

(M. Bernal, 1987) Thus, by the Second World War, it had been firmly established that Greece had not significantly borrowed culturally or linguistically from Egypt and Phoenicia and that legends of colonization were charming absurdities, as were the stories of the Greek wise men having studied in Egypt. Indeed, these beliefs survived the years between 1945 and 1960….

…. However, the traditional attribution of much of Greek civilization to Egypt is still denied; ….

(T. Heath, 1956) Tannery says that the geometry of Pythagoras was sufficiently advanced to make it possible for him to prove the theorem by similar triangles.

(Merzbach & Boyer, 2011) … the Pythagoreans first provided a demonstration, but this conjecture cannot be verified. It is reasonable to assume that the earliest members of the Pythagorean school were familiar with geometric properties known to the Babylonians.

Lumpkin(2004): I believe the right angle theorem is a better name than Pythagorean theorem because nothing in the record of his times connects Pythagoras with the theorem.

글쓰기 주제 및 과제

1. 수학에서 기축시대란 무엇인가? 제시문 및 마틴 버낼의 《블랙 아테나 1, 2》를 참고하여 1200자로 제시해 보자.

2. 우리나라 초등 교과서나 중학교 교과서에서는 탈레스를 닮음(비례)의 신으로 묘사해 왔었다. 실제 탈레스에 관하여 남아 있는 기록은 거의 없으며 특히 증명 방법에 대한 기록은 없다. 후기 사가들의 언급을 개관적으로 요약하면 다음과 같다[8].

   (a) '원은 지름으로 이등분된다'는 것을 탈레스가 처음으로 보였다고 전해진다.
   (b) '이등변삼각형의 두 밑각은 같다'는 정리를 처음으로 기술했다고 전해진다.
   (c) Eudemus는 '교차하는 두 직선의 대응각은 서로 같다'는 정리를 탈레스의 업적으로 여긴다.
   (d) Pamphila는 이집트인들로부터 기하학을 배운 탈레스가 원에 내접하는 직각삼각형을 처음으로 기술했다고 설명한다.
   (e) 탈레스가 이집트를 방문하여 그곳에서 사제들과 교제한 것을 제외하면 그는 은사를 갖지 않았다.
   (f) Proclus는 항구에서 떨어진 배와의 거리를 탈레스가 측정했다고 전한다.
   (g) Proclus 보다는 Eudemus에 따르면 탈레스는 기하학의 지식을 그리스로 가져왔고 약간의 보다 추상적인 방법, 직관적인 또는 현명한(sensible) 방법을 시도하여 여러 가지를 추가하였다.

   우리나라 교과서가 탈레스를 닮음(비례)의 신으로 표현하는 것이 올바른가에 대하여 1200자로 제시해보자.

3. 우리나라 고등학교 수학교과서는 뉴턴이 미적분학을 창안(invent)한 것으로 기술한다. 이에 대하여 다음 두 논문을 참고하여 본인의 의견을 서술해보자.

   • Ossendrijver, M. (2016). Ancient Babylonian astronomers calculated Jupiter's position from the area under a time-velocity graph, *Science* **351**, 482-484.
   • Katz, V. (1995). Ideas of calculus in Islam and India. *Math. Mag.* **68**, 163-174.

---

8) G. J. Allman, Greek geometry from Thales to Euclid, Dublin Univ. Press, 1889.

10 소수거르기

Keywords 소수, 로피탈 정리, 수학적 귀납법, 합동식, 페르마 소수

제시문

다음 표를 완성해보자. 두 개 이상으로 연속되는 정수의 합으로 표현이 되는 수는 'Y'로, 표현이 되지 않는 수는 'N'으로 표시하자.

수	연속된 자연수의 합	판정
2	–	N
3	1+2	Y
4	–	N
5	2+3	Y
6	1+2+3	Y
7	3+4	
8	–	
9	4+5, 2+3+4	
10	1+2+3+4	
11	5+6	
12	3+4+5	
13	6+7	
14	2+3+4+5	
15	7+8, 1+2+3+4+5, 4+5+6	
16	–	
17	8+9	
18	3+4+5+6, 5+6+7	
19	9+10	
20	2+3+4+5+6	

(1) 활동지가 말하는 것을 나열해 보자.

(2) 앞에서 예측한 결론을 증명·지도하여 보자.

글쓰기 주제 및 과제 1

필자가 초/중/고생을 상대로 경험한 학생들의 반응과 학생들에게 한 문제제기를 열거하면 다음과 같다.

① (학생반응 1) 판정 "N"으로부터 2의 거듭제곱수 $1, 2, 4, 8, ..$ 등을 인식한다. 즉, 2의 거듭제곱수는 연속된 자연수의 합으로 표현되지 못한다.

② (학생반응 2) 두 수의 합(예 : 7=3+4)이 들어가 있는 홀수를 지적한다. 즉, 홀수는 두 자연수의 합으로 표현된다.

③ (학생반응 3) 3개 짜리가 들어 있는 수(예 : 9 = 2+3+4)는 3의 배수임을 인식한다.

④ (학생반응 4) 특히, 1로 시작하는(예: 6 = 1+2+3) 연속된 자연수의 합을 지적한다. 즉, 3, 6, 10 등은 1로 시작하는 연속된 자연수의 합으로 표현된다.

⑤ (학생반응 5) 소수를 인식한다. 즉, 소수는 두 개짜리의 합으로 유일하게 표현된다.

⑥ (문제제기 1) 15는 3가지 형태의 합, 18은 2가지 형태로 나타난다. 매우 큰 수의 경우, 예를 들어 1728의 경우 이를 어떻게 알 수 있을까?

⑦ (문제제기 2) 15는 $7+8=4+5+6=1+2+3+4+5$로 2개, 3개, 5개 수의 합으로 표현된다. 이때, 5개가 가장 길다. 3^9은 연속된 자연수로 표시되며 이때, 가장 긴 것을 어떻게 구할 수 있을까?[1)]

⑧ (문제제기 3) 위 활동지는 연속된 자연수의 합으로 주어진 수를 나타낸 것이다. 활동지를 일반화할 수 있을까?

⑨ (학생반응에 대한 수업지도안) $1+2+3+\cdots+n = n(n+1)/2$

(중학교) $1+2+3+\cdots+n = \dfrac{n^2}{2} + \dfrac{n}{2}$, $1+2+3+\cdots+n = n(n+1)/2$

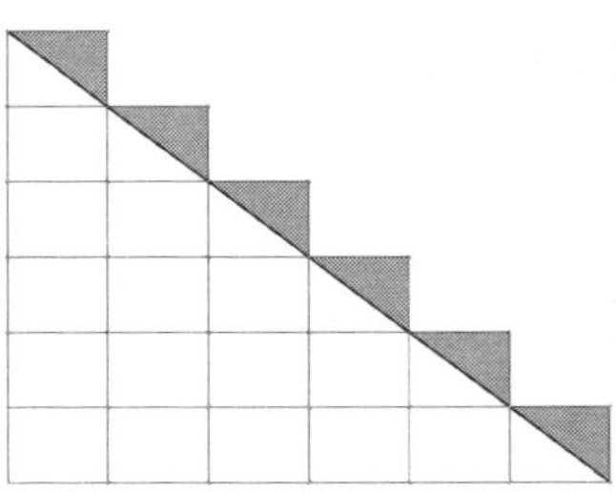

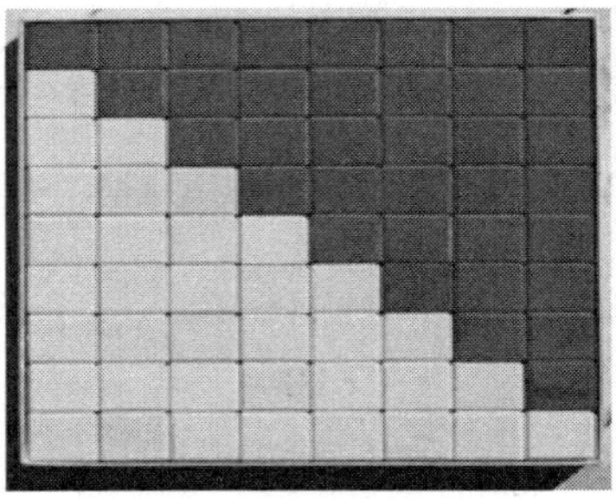

1) Ross Honsberger, From Erdos to Kiev; Problems of Olympiad Caliber, MAA, 1996 (19-20쪽).

(고등학교) 오일러가 l'Hospital's rule[2)]을 어떻게 활용했는지 예

$$1+2+3+\cdots+n=n(n+1)/2$$

를 통하여 알아보자[3)]. 기하급수

$$x+x^2+x^3+\cdots+x^n=(x-x^{n+1})(1-x)$$

의 양변을 x에 관하여 미분하면

$$1+2x+3x^2+\cdots+nx^{n-1}=\left(1-(n+1)x^n+nx^{n+1}\right)/(1-x)^2$$

이고 양변에 x를 곱하면 다음 등식을 얻는다.

$$x+2x^2+3x^3+\cdots+nx^n=\frac{x-(n+1)x^{n+1}+nx^{n+2}}{(1-x)^2}$$

위 식에서 $x=1$이면 왼쪽은 $1+2+3+\cdots+n$이고 오른쪽은 부정형 $0/0$으로 변한다. 이제, 오일러가 오른쪽에 l'Hospital's rule을 쓰면

$$\frac{1-(n+1)^2x^n+n(n+2)x^{n+1}}{-2(1-x)}$$

으로, $x=1$에서 부정형이 된다. 따라서 오일러는 다시 l'Hospital's rule를 쓰면

$$\frac{-(n+1)^2nx^{n-1}+n(n+1)(n+2)x^n}{2}$$

이다. 이제, $x=1$에 대하여

$$\frac{-(n+1)^2n+n(n+1)(n+2)}{2}=\frac{n(n+1)}{2}$$

---

2) l'Hospital's Rule을 처음으로 소개한 책은 “Analyse des Infinimant Petits"(Marqius de l'Hospital(1661-1704))이다(1696). 출판된 책으로는 첫 번째 미분적분학 교재로서 $x\to a\,(a>0)$ 일 때, $y=\dfrac{\sqrt{2a^3x-x^4}-a\sqrt[3]{aax}}{a-\sqrt[4]{ax^3}}$의 극한값을 구하는데 사용하였다. 당시에는 a^2 대신에 aa를 사용하였다. 실제 본 정리는 1694년에 Johann Bernoulli(1667-1748)가 처음 발견하였다. 문제의 극한값을 구하여보자.

3) W. Dunham, When Euler met l'Hôspital, Math. Mag., Vol. 82(1) (2009), 16-25.

이다. 따라서 오일러는 합의 식 $1+2+3+\cdots+n=n(n+1)/2$을 얻는다.

1. 학생들의 반응을 기초로 수업을 어떻게 진행할지 그 예를 들어 보자.

2. 앞에서(⑥, 문제제기 1) 필자가 사용한 활동지는 다음과 같다 : 15 자신은 1개, 7+8은 두 수의 합이다. 따라서 자기 자신을 포함하면 15는 4개의 서로 다른 합으로 표현된다. 이를

「15의 합의 표현 개수는 4이다」

로 쓰기로 하자.

활동지 1 15의 약수는 1, 3, 5, 15이다. 이들 모두는 홀수이다. 따라서 15는 4개의 홀수인 약수를 갖는다. 다음 활동지를 완성하여 예측을 설정하고 증명해 보자.

n	n의 약수 중 홀수의 개수	자신을 포함한 합의 표현	합의 표현 개수
1	1	1	1
2	1	2	1
3	2	3, 1+2	2
5	2	5, 2+3	2
6	2	6, 1+2+3	2
7	2	7, 3+4	2
8	1	8	1
9	2	9, 4+5	2
10	2	10, 1+2+3+4	2
11			
12			
13			
14			
15	4	15, 7+8, 4+5+6, 1+2+3+4+5	4
17			
18	3	18, 5+6+7, 3+4+5+6,	3
19			
20			

3. 독자들은 학생들의 반응에 대하여 어떻게 다음 단계를 제공할지 고심해보기 바란다.

4. 활동지를 어떻게 일반화할지 생각해 보자.

활동지 2 주어진 수를

$$12 = 2 + 4 + 6, \text{ 또는 } 24 = 3 + 5 + 7 + 9$$

와 같이 연속되는 짝수나 홀수의 합으로 나타내는 것에 대하여 생각해 보자[4]. 먼저, 다음 표를 완성해보자. 연속되는 짝수나 홀수의 합으로 표현되는 수는 'Y'로, 표현이 되지 않는 수는 'N'으로 표시하자.

수	짝/홀의 합	Y/N
1	–	N
2	–	N
3	–	N
4	1+3	Y
5	–	
6	2+4	Y
7	–	
8	3+5	
9	1+3+5	
10	4+6	
11	–	
12	2+4+6	
13		
14		
15		
16	1+3+5+7	Y

① 활동지가 무엇을 말하는지 알아보자.

② 활동지를 바탕으로 지도안을 작성해 보자.

③ 특히 1로 시작하여 합으로 만들어지는 수를 관찰하여 보자.

4) John B. Cosgrave, A Halmos Problem and a Related Problem, The Amer. Math. Monthly, 101(10) (1994), 993-996.

글쓰기 주제 및 과제2

경우의 수를 계산할 때, 펙토리얼을 사용하곤 한다. 예를 들어,

$$3! = 3 \cdot 2 \cdot 1 = 6, \quad 5! = 5 \cdot 4 \cdot 3 \cdot 2 \cdot 1 = 120$$

이다. 연속된 펙토리얼의 합을 다음 표에서 구해보자.

부호가 바뀌면서 연속된 펙토리얼의 합의 표현	합	판정
$3!-2!+1!$	5	소수
$4!-3!+2!-1!$	19	소수
$5!-4!+3!-2!+1!$	101	소수
$6!-5!+4!-3!+2!-1!$		
$7!-6!+5!-4!+3!-2!+1!$		
$8!-7!+6!-5!+4!-3!+2!-1!$		
$9!-8!+7!-6!+5!-4!+3!-2!+1!$		?

1. 위 형태는 모두 소수인가? 불행하게도 $9!$로 시작하는 식은 소수가 아니다(TI-92 사용을 권장한다). 따라서 활동지를 사용하여 일반적인 성질을 얻으려할 때 매우 조심해야 한다.

2. 소인수분해란 정수를 소수의 곱으로 표현하는 것이다. 예를 들어, $150 = 2 \cdot 3 \cdot 5^2$이다. $n!$을 펙토리얼의 곱으로 표현할 수 있을까? 예를 들면, $10! = 7! \cdot 6! = 7! \cdot 5! \cdot 3!$이다.

이와 관련하여 지도안을 만들어 보자.

글쓰기 주제 및 과제3

다음 내용은 학부과정에서 정수론과 대수학의 내용을 기반으로 한 것이다. 소수에 관한 이론을 알아보자.

먼저, 소수가 무한히 많다는 가장 오래된 증명은 유클리드(Euclid, Elements IX, Proposition 20)[5]에서 찾을 수 있다. 만일 소수가 $\{p_1, p_2, \dots, p_n\}$으로 유한개라고 가정하

자. 이때, 정수

$$Q := p_1 p_2 \cdots p_n + 1$$

은 소수인 약수 p를 갖는다. 따라서

$$p \in \{p_1, p_2, \dots, p_n\}$$

이고 p는 $p_1 p_2 \cdots p_n$의 약수이다. 그러므로 p는 $Q - p_1 p_2 \cdots p_n = 1$의 약수가 되어 모순이 발생한다.

유클리드 증명의 확대해석(Perott(1854-1924), Cook, 2011)[6]. 유클리드 증명을 다시 바라보자. $p_1 = 2,\ p_2 = 3,\ p_3 = 5,\ p_4 = 7, \dots$으로 p_n을 n번째로 제일 작은 소수라 하자. 이때, $M_n = p_1 p_2 \cdots p_n$이라면 $M_n + 1$의 소수인 약수 p는 존재하며 $p_n < p \le M_n + 1$을 만족한다. 물론 처음부터 $M_n - 1$에 소인수 p를 적용해도 같은 결과를 얻으므로 유클리드 증명을 다음과 같이 해석할 수 있다:

$p_n < p < M_n$을 만족하는 소수 p는 적어도 한 개는 존재한다.

이를 다음과 같이 보다 엄밀하게 증명할 수 있다. 다음 정리에서 유클리드의 정리가 어떤 역할을 하는지 인지하기 바란다.

[Theorem 1] p_n과 $M_n = p_1 p_2 \cdots p_n$ 사이에는 적어도 $n-1$개의 소수가 존재한다.

증명을 위하여 먼저 다음 두 보조정리를 알아보자.

[Lemma 1] $n_1, n_2, \dots, n_k$를 짝수라 하자. 각 순환군(cyclic abelian group) $\mathbb{Z}_{n_i}$의 곱(direct product) $\mathbb{Z}_{n_1} \times \cdots \times \mathbb{Z}_{n_k}$은 k개 보다 적은 원소로 생성될 수 없다.

증명 $n_1, n_2, \dots, n_k$가 짝수이므로 onto인 homomorphism f

---

5) Euclid, The elements , IX 20, Dover (p. 412).
6) R. Cooke, A remark on Euclid's theorem on the infinitude of the primes, Amer. Math. Monthly, Vol. 118(2011) 355-358.

$$\mathbb{Z}_{n_1} \times \cdots \times \mathbb{Z}_{n_k} \xrightarrow[epic]{f} (\mathbb{Z}_2)^k$$

가 존재한다. 이때, $image(f) = (\mathbb{Z}_2)^k$ 는 체(field) $\mathbb{Z}_2$ 상의 k-차원 벡터공간이다. 따라서 정의역 $\mathbb{Z}_{n_1} \times \cdots \times \mathbb{Z}_{n_k}$는 k 개 보다 적은 원소로 생성될 수 없다.

[Lemma 2] a, b가 서로소이면 $\mathbb{Z}_a$, $\mathbb{Z}_b$의 곱셈군 $\mathbb{Z}_a^\times$, $\mathbb{Z}_b^\times$에 대하여

$$(\mathbb{Z}_{ab})^\times \simeq \mathbb{Z}_a^\times \times \mathbb{Z}_b^\times$$

이다.

증명 음이 아닌 두 정수 $x, y\,(x < a, y < b)$에 대하여

$$\{x, x+a, x+2a, ..., x+(b-1)a\}$$

는 $* \equiv x\,(\mathrm{mod}\,a)$ 인 ab 보다 적은 음이 아닌 모든 정수이다. 한편, a, b가 서로소이므로 이들 중에는 $\mathrm{mod}\,b$ 에 관하여 합동인 서로 다른 원소는 없다. 이들 중 오직 한 개의 원소 z(따라서 $z \equiv x\,(\mathrm{mod}\,a)$)가 $z \equiv y\,(\mathrm{mod}\,b)$를 만족한다. 그러므로, 이를 바탕으로 하여 isomorphism $\mathbb{Z}_{ab} \to \mathbb{Z}_a \times \mathbb{Z}_b$, $z \mapsto (x, y)$을 만들 수 있다. 물론, x, y 를 각각 a, b와 서로소인 수로 제한하여도 동형은 보존된다. 따라서 $(\mathbb{Z}_{ab})^\times \simeq \mathbb{Z}_a^\times \times \mathbb{Z}_b^\times$ 이다.

정리 증명 두 보조정리를 사용하여 정리를 증명하자. 먼저, 소수 q에 대하여 $\mathbb{Z}_q^\times \simeq \mathbb{Z}_{q-1}$이므로 보조정리 2에 의하여

$$(\mathbb{Z}_{M_n})^\times \simeq \mathbb{Z}_2 \times \mathbb{Z}_4 \times \mathbb{Z}_6 \times \cdots \times \mathbb{Z}_{p_n - 1} \text{ (전체는 } |\mathbb{Z}_2^\times| = 1\text{이므로 } n-1\text{개의 곱)}$$

이다. 한편, 보조정리 1에 의하여 $(\mathbb{Z}_{M_n})^\times$ 는 $n-1$개 보다 적은 원소들로는 생성될 수 없다. 이제, p_n과 $M_n = p_1 p_2 \cdots p_n$ 사이에 소수를 $p_{n+1}, p_{n+2}, \cdots, p_{n+l}$라 하면 유클리드정리에 의하여 $l \geq 1$ 이다. 이때, $p_{n+1}, p_{n+2}, \cdots, p_{n+l}$는 $(\mathbb{Z}_{M_n})^\times$ 를 생성한다. 따라서 $l \geq n-1$ 이다.

유클리드 시대에는 정수를 지금처럼 추상적으로 받아드린 것이 아니라 선분의 길이로서 받아들였다. 따라서 divisibility 대신에 measuring을 사용하였다. 한편, 고대 그리스 시대에는 현재와 같은 무한 개념을 가지고 있지 않았다. 유클리드는 "there are infinitely many primes"라 하지 않고 "prime numbers are more than any assigned multitude of prime numbers"로 표현하였다.

■ **BOOK IX, Proposition 20** Prime numbers are more than any assigned multitude of prime numbers.

Let A, B, and C be the assigned prime numbers;

I say that there are more prime numbers than A, B, and C.

Take the least number DE measured by A, B, and C. Add the unit DF to DE.

Then EF is either prime or not.

First, let it be prime. Then the prime numbers A, B, C, and EF have been found which are more than A, B, and C.

Next, let EF not be prime. Therefore it is measured by some prime number. Let it be measured by the prime number G. VII.31

I say that G is not the same with any of the numbers A, B, and C.

If possible, let it be so.

Now A, B, and C measure DE, therefore G also measures DE. But it also measures EF. Therefore G, being a number, measures the remainder, the unit DF, which is absurd.

Therefore G is not the same with any one of the numbers A, B, and C. And by hypothesis it is prime. Therefore the prime numbers A, B, C, and G have been found which are more than the assigned multitude of A, B, and C.

Therefore, prime numbers are more than any assigned multitude of prime numbers.

필자가 기억하는 유클리드 정리에 관한 가장 최근 이론은 다음과 같다(2006).

(F. Saidak, 2006)[7]. 정수 $n > 1$에 대하여 연속된 두 정수 $n, n+1$은 서로소이다. 즉,

---

7) F. Saidak, A new proof of Euclid's theorem, The Amer. Math. Monthly, Vol. 113(2006)

$\gcd(n, n+1) = 1$. 따라서 두 수의 곱 $N_2 = n(n+1)$은 적어도 서로 다른 2개의 소인수를 갖는다. 같은 방법으로 두 연속되는 정수 $n(n+1)$과 $n(n+1)+1$은 서로소이고 이들의 곱

$$N_3 = n(n+1)[n(n+1)+1]$$

은 적어도 서로 다른 3개의 소인수를 갖는다. 이 과정을 계속하면 소수는 무한히 많이 존재한다.

페르마 수 $F_n = 2^{2^n} + 1 \quad (n = 0, 1, 2, \ldots)$에 대하여 생각해보자. 예를 들면,

$$F_0 = 3,\ F_1 = 5,\ F_2 = 17,\ F_3 = 257,\ F_4 = 65537$$

서로 다른 두 페르마 수가 서로소이면 무한개의 소수가 존재한다. 먼저 식

$$F_0 F_1 \cdots F_{n-1} = F_n - 2 \qquad (n \geq 1) \tag{10-1}$$

을 증명하여보자.

n에 관한 수학적 귀납법[8]을 쓰면 ① $n = 1; F_0 = 3,\ F_1 - 2 = 3$: ② $F_0 F_1 \cdots F_{n-1} F_n = (F_0 F_1 \cdots F_{n-1}) F_n = (F_n - 2) F_n$ $= (2^{2^n} - 1)(2^{2^n} + 1) = 2^{2^{n+1}} - 1$ $= F_{n+1} - 2$

m이 F_k와 F_n (여기서 $k < n$)의 약수라 하자. 따라서 식 (10-1)에 의하여 $m \mid 2$이다. 즉, $m = 1$ 또는 2이다. 그러나 페르마 수는 홀수이므로 $m = 2$는 불가능하다. 따라서, 서로 다른 페르마 수는 서로소이다. 따라서 소수는 무한히 많이 존재한다.

소수 7은 페르마 수가 아니다. 페르마 수 F_n은 $n = 0, 1, 2, 3, 4$일 때는

937-938.

8) 2009 수학개정교육과정에서는 수학 II에서 원리를 이해할 수 있는 정도로 간단히 다룬다.

$$F_0 = 3,\ F_1 = 5,\ F_2 = 17,\ F_3 = 257,\ F_4 = 65537$$

로 소수이지만 $n = 5,6,7,...,23$일 때는 합성수이다. 그러나 $F_{24} = 2^{2^{24}} + 1$는 5,050,446 자리 수로 합성수인지는 모르고 있다. 아직 페르마 소수가 유한개인지도 모르고 있다[9].

페르마는 모든 수 $F_n = 2^{2^n} + 1\ (n = 0,1,2,...)$가 소수라고 주장하였다. 1729년 12월 1일 오일러는 모스크바에 머물고 있던 골드바흐(Goldbach)로부터 편지를 받았는데, 그 편지에서 골드바흐는 페르마의 주장에 대하여 오일러의 의견을 물었다. 오일러는 1730년 6월 4일 답장에서 $F_5 = 2^{32} + 1$는 소인수 641을 갖는다는 것을 밝혔다. 실제로 오일러는 합성수인 페르마 수는 $2^{n+1}k + 1$ 형태의 약수를 갖는다는 것을 발견하였다. 이는 $2^m + 1$ 형태의 소수에 관한 문제이다. 이를 자세히 알아보자[10]. 오일러는 $F_5 = 2^{32} + 1$의 약수 641을 어떻게 구했을까?

[Theorem 2] $2^m + 1$이 소수이면 m은 $m = 2^k$인 2의 거듭제곱 형태이다.

증명 만일 $m = 2^a b$ (b는 홀수)이면 $2^m + 1 = (2)^{2^a b} + 1 = c^b + 1$이다. 여기서 $c = 2^{2^a}$. 한편, b는 홀수이므로 $c^b + 1 = (c+1)(c^{b-1} - c^{b-2} + - \cdots + 1)$이다.

[Theorem 3] $F_n = 2^{2^n} + 1$의 소인수를 p라 하면, 2^{n+1}은 $p-1$의 약수이다.

증명 $p \mid (2^{2^n} + 1)$이면 $2^{2^n} \equiv -1 \pmod p$이고 따라서 $2^{2^{n+1}} \equiv 1 \pmod p$이다. 즉, 곱셈군 $\mathbb{Z}_p^{\times} = \{a \mid 1 \le a \le p,\ \gcd(a,p) = 1\}$에서 원소 2의 위수(order)는 2^{n+1}의 약수이다. 한편, $2^{2^n} \equiv -1 \pmod p$이므로 원소 2의 위수는 2^{n+1}이다. Lagrange의 정리로부터 $2^{n+1} \mid (p-1)$이다.

이제 $2^{32} + 1$의 소인수를 p라 하자. 정리 3에 의하여 $2^{5+1} = 64$는 $p-1$의 약수 또는 $p = 64m + 1$ 형태이다. 이때,

① $m \equiv 2 \pmod 3$이면, $3 \mid (64m + 1)$,

---

9) J. Conway and R. Guy, The book of numbers, Copernicus Book, 1996(p.138-148).
10) H. Koch, Number theory, Graduate Study in Mathematics, Vol. 24, AMS, 2000(p.5-6).

② $m \equiv 1 \pmod 5$이면, $5 \mid (64m+1)$

이다. 그러므로 $2^{32}+1$의 약수인 소수는

$$p = 193,\ 257,\ 449, 577,\ 641, \ldots$$

형태이다. 따라서 $p = 64(10)+1 = 641$을 얻는다.

3. Weil은 페르마 수를 현대정수론의 제2의 태동이라 평가하고, 현대정수론의 태동은 페르마의 마지막정리를 꼽는다.

과제 1 정다각형의 작도문제와 관련된 페르마 소수에 대하여 알아보자(J. B. Fraleigh (Abstract Algebra)의 section 32). 정n각형이 작도가능하면 $n = 2^k p_1 p_2 \cdots p_l$ (p_i는 페르마 소수)이므로 n이 소수인 경우 n은 페르마 소수이다. 정3각형, 정5각형, 정17각형은 작도가능하다. 그러나 7은 페르마 소수가 아니므로 정7각형은 작도불가능하다.

소수의 집합이 유한(finite)이고 이들 중 제일 큰 소수를 p 라 하자. 이제 $2^p - 1$ 의 소수인 약수 $q \mid 2^p - 1$을 생각해보자. 먼저 $2^p \equiv 1 \pmod q$이므로 이를 군(group)에서 해석하면 "곱셈군(multiplicative group) $\{1, 2, \ldots, q-1\}$에서 2 의 위수(oder)는 p"이다. 그 이유는 2 의 위수를 $r\,(<p)$이라 하면 $p = sr + t\ (0 \le t < r)$이고 $1 = 2^p = (2^r)^s 2^t = 2^t$로 모순을 얻기 때문이다. 따라서 Lagrange's Theorem에 의하여 위수 p는 q를 나누어야 한다. 이로부터 $p < q$이고, 우리가 선택한 p에 모순이 생긴다. 따라서 소수의 개수는 무한하다.

과제 2 소수가 무한히 많다는 여러 가지 다양한 증명에 대하여 더 알아보자.

11 암호론

Keywords 오일러 정리, 합동식, 암호론

제시문

(가) 양의 정수 n 에 대하여 $\mathbb{Z}_n = \{0,1,\ldots,n-1\}$ 라 하자. 집합 $\mathbb{Z}_n$ 의 원소 중에서 n 과 서로소인 원소의 집합을 $\mathbb{Z}_n^{\times}$ 로 쓰고, 이 집합의 원소의 개수를 $\phi(n)$ 으로 나타내자. 우리는 함수 $\phi : \mathbb{N} \to \mathbb{Z}$ 를 오일러 함수라 부른다. 이를 다시 반복하여 말하면 $\mathbb{Z}_n$ 은 가환환(commutative ring)이고 환에서 곱셈의 관한 역원을 모두 모아놓은 것이 집합 $\mathbb{Z}_n^{\times}$ 이다. 따라서 $\mathbb{Z}_n^{\times}$ 는 곱에 관한 군(group)이 된다. 즉, $\phi(n)$ 은 군 $\mathbb{Z}_n^{\times}$ 의 위수(order)이다. 그러므로 군 $\mathbb{Z}_n^{\times}$ 의 임의의 원소 a 를 군의 위수 $\phi(n)$ 만큼 거듭 곱하면 항등원(identity) 1이 된다. 이를 오일러 정리라 부르며 식으로 표현하면 다음과 같다.

$$\gcd(a, n) = 1 \Rightarrow a^{\phi(n)} \equiv 1 \pmod{n} \qquad \text{(오일러 정리)}$$

(나) RSA[1]). 충분히 크다고 가정할 수 있는 두 소수

$$p = 2595377, \; q = 104729$$

에 대하여 공개된 12자리의 수

$$n = pq = 271811237833$$

1) R.L. Rivest, A. Shamir, and L. Adleman, A method for obtaining digital signature and public key cryptosystems, Comm. ACM 21 (1978), 120-126. Pohlig-Hellman이 개발한 거듭제곱법을 변형한 것으로 이 암호체계의 안전성은 매우 큰 정수의 인수분해가 어렵다는 사실에 뿌리를 두고 있으며 암호화와 디지털 서명에 이용되고 있다.

을 적군이 소인수분해 하려면 적당한 시간이 필요하다. 주어진 큰 정수 271811237833에 대한 소인수분해의 어려움은 오일러 함수 $\phi(271811237833)$을 구하는 데 있다. 즉, 271811237833을 인수분해 한다는 것은 $\phi(271811237833)$을 구하는 것이다. 그 이유는 독자들이 정수론에서 배운 정리

$$\phi(n) = \phi(pq) = (p-1)(q-1)$$

을 이용할 수 있기 때문이다. 따라서 우리는

$$\gcd(e, \phi(n)) = 1, \quad 1 \leqq e \leqq \phi(n)$$

인 e 를 하나 쉽게 얻을 수 있고 이를 공개하자. 이때, 유클리디안 알고리즘을 사용하여

$$ed \equiv 1 \pmod{\phi(n)}$$

인 d 를 구하고(다음 제시문에서 step 2 참고), 이를 비공개한다. 따라서 공개된 271811237833에 대한 소인수분해의 어려움은 결과적으로 d 를 구하는 어려움으로 귀착된다. 이때, 암호문

$$a_1^e \cdots a_m^e \equiv b_1 \cdots b_m \pmod{n}$$

은 평문

$$b_1^d \cdots b_m^d \equiv a_1 \cdots a_m \pmod{n}$$

으로 전환된다. 그 이유를 살펴보자. $ed \equiv 1 \pmod{\phi(n)}$ 에서 적당한 정수 k가 존재하여

$$ed = 1 + \phi(n)k$$

이고 이를 오일러 정리

$$\gcd(a, n) = 1 \Rightarrow a^{\phi(n)} \equiv 1 \pmod{n}$$

과 함께 사용하면

$$a^e \equiv b(\mathrm{mod}\, n) \Rightarrow b^d \equiv (a^e)^d \equiv a(a^{\phi(n)})^k \equiv a(\mathrm{mod}\, n)$$

를 얻는다. 따라서

$$a_1^e \cdots a_k^e \equiv b_1 \cdots b_k (\mathrm{mod}\, n) \quad \Rightarrow b_1^d \cdots b_k^d \equiv a_1 \cdots a_k (\mathrm{mod}\, n)$$

한편, $\gcd(a,n)=1$은 어떻게 보장될까? $\mathbb{Z}_n = \{0,1,\ldots,n-1\}$의 임의의 원소 a가 n과 서로소일 확률값은 $\frac{\phi(n)}{n}$이고, 이를 풀어쓰면

$$\frac{\phi(n)}{n} = \frac{(p-1)(q-1)}{pq} = (1-\frac{1}{p})(1-\frac{1}{q})$$

이므로 $n=pq$에서 p, q가 충분히 크면 $\gcd(a,n)=1$일 확률값 $(1-\frac{1}{p})(1-\frac{1}{q})$은 1로 보아도 무방하다. 따라서 $\gcd(a,n)=1$은 안전하게 보장된다.

글쓰기 주제 및 과제 1

실제 숫자가 작아 의미는 없지만, 구체적 이해를 위하여 다음 예를 들어본다(TI-92 사용을 권장한다). 이를 이해하고 또 다른 구체적인 숫자를 사용하여 암호체계를 제시해보자.

[제시문]

$n = 11 \times 23 = 253$을 정한다. 이때,

$$\phi(n) = \phi(11) \times \phi(23) = (11-1) \times (23-1) = 220$$

이다. 253을 공개하고 두 소수 11, 23은 공개하지 않는다.

■ Step 1 $\gcd(e, 220) = 1$인 e를 우리 마음대로 정하여 공개하자.

☞ $e = 17$

■Step 2　Euclidean Algorithm을 220과 17에 적용하여 비공개할 d를 구하자.

$$220 = 17\times 12 + 16,$$
$$17 = 16\times 1 + 1$$

즉, $\gcd(220,17) = \gcd(17,16) = 1$이다. 따라서

$$\begin{aligned}1 &= 17 - 16\times 1\\ &= 17 - (220 - 17\times 12)\times 1\\ &= 17\times 13 - 220\times 1\end{aligned}$$

이므로 $d = 13$을 알고리즘에서 얻고 이를 비공개한다.

■Step 3　선택된 평문 $a = 100$에 대하여(물론 $\gcd(a, n) = \gcd(100, 253) = 1$이어야 한다) $100^{17} \equiv 243 \pmod{253}$이다. 따라서 우군에게 전달된 암호문 $b = 243$은 공개된 $n = 253$과 비공개된 $d = 13$에 의하여 우군은 계산

$$243^{13} \equiv 100 \pmod{253}$$

으로부터 평문 100을 얻는다.

암호체계를 공격해보자. 우군에게 전달된 암호문 b를 적군이 낚아채면 이미 공개된 e에 적당한 평문 a가 존재하여 $a^e = b$가 성립한다.

적군은 평문 a를 어떻게 구할까?

공격암호 b, b^e, b^{e^2}, b^{e^3}, ⋯은 mod n에 관하여 1과 n 사이의 정수이므로 정수 t가 존재하여 $b^{e^t} \equiv b \pmod{n}$이다. 따라서 $b^{e^{t-1}} \equiv a \pmod{n}$으로 택할 수 있으므로 기존 암호체계를 공격할 수 있다.

■Step 1　가로챈 암호문 $b = 243$을 적군이 해독하는 방법은 집합

$$243,\ 243^{17},\ 243^{17^2},\cdots$$

을 "≡ (mod 253)"으로 계산하는 데 있다. 이를 직접 Maple을 이용하여 순서대로 구하면

$$243,\ 144,\ 12,\ 78,\ 210,\ 177,\ 188,\ 232,\ 133,\ 100,\ 243,\ \cdots$$

등으로 나타난다. 따라서 $243^{17^{10}} \equiv 243 \pmod{253}$ 이다. 그러므로 적군은 가로챈 암호문 $b = 243 \equiv \left(243^{17^9}\right)^{17} \pmod{253}$으로부터 평문

$$a = 100 \equiv 243^{17^9} \pmod{253}$$

을 알아낼 수 있다.

$e = 17$을 사용한 우군의 사용자를 갑이라 하자. 우군의 또 다른 사용자를 을이라 하자. 일반적으로 갑과 을이 $\gcd(e, 220) = 1$로 사용한 값을 각각 e_1, e_2 라 하자. 이 두 수는 공개된 것이고 $\gcd(e_1, e_2) = 1$일 때, 어떤 문제가 발생하는지 알아보자.

■Step 2 평문 a 는 공개된 두 수 e_1, e_2 에 대하여 다음과 같이 암호문 b_1, b_2 로 변형되어 갑과 을에게 전달된다.

$$\begin{cases} b_1 \equiv a^{e_1} \pmod{253} \\ b_2 \equiv a^{e_2} \pmod{253} \end{cases}$$

한편, $\gcd(e_1, e_2) = 1$이면 정수환 $\mathbb{Z}$에서 두 수 e_1, e_2 에 의하여 생성된 이데알(ideal)이 정수환 자신 $\mathbb{Z}$이다. 따라서 이데알 입장에서 $\mathbb{Z} = e_1\mathbb{Z} + e_2\mathbb{Z}$ 이고 $1 \in \mathbb{Z}$ 이므로 두 정수 x, y가 존재하여 $1 = e_1x + e_2y$가 성립한다. 따라서 공개된 두 정수 e_1, e_2 에 대하여 적군은 $1 = e_1x + e_2y$인 x, y 를 구할 수 있다. 따라서 암호문 b_1, b_2를 입수한 적은

$$b_1^x\, b_2^y \equiv (a^{e_1})^x (a^{e_2})^y \equiv a^{e_1x + e_2y} \equiv a^1 = a \pmod{253}$$

을 통하여 평문 a 를 알아낼 수 있다.

글쓰기 주제 및 과제2

다음 포스터를 소재로 지도안을 작성해 보고 소수를 주제로 한 포스터를 만들어 보자.

The London Underground의 포스터(10월 Maths Breaks the Code)

흔히 쓰이고 있는 RSA 암호체계는 인수분해에 기초를 두고 있다. 위의 포스터는 $10, 33, 91$은 쉽게 인수분해할 수 있지만

$$8577912293265445403162361462162997220043102876199$$

와 같이 큰 수를 인수분해하는 것은 매우 어려운 일이라는 것을 강조하고 있다.[2)] 충분히 큰 두 소수

$$p = 671998030559713968361666935769\,,\ q = 12764787846358441471$$

에 대하여 공개된 수

$$n = pq = 8577912293265445403162361462162997220043102876199$$

를 인수분해 하는 데 적당한 시간이 요구된다. 주어진 큰 수의 인수분해의 어려움은 오일러 함수

---

2) > ifactor(8577912293265445403162361462162997220043102876199);
(671998030559713968361666935769)*(12764787846358441471)

$$\phi(8577912293265445403162361462162997220043102876199)$$

를 구하는 데 있다. 이때, 다음을 얻는다.

$$\begin{aligned}\phi(n) &= \phi(pq) = (p-1)(q-1) \\ &= 8577912293265445402490363431590518463835077498960.\end{aligned}$$

12 p-진체, 소수의 활용

Keywords p-진체, 절댓값, 동치관계, 코시수열

제시문

㉮ 다음 질문을 생각해 보자.

> **질문 1** 절댓값 $|\ \ |$의 용도는 무엇인가?
> **질문 2** 순환소수 $0.999999\cdots$ 는 1이다. 방향을 바꾼$\cdots 99999$는 얼마인가? 무한인가?

먼저, 소인수분해를 활용하여 세 가지 조건

① $|x| \geq 0$ 이고 $|x| = 0 \Leftrightarrow x = 0$,

② $|xy| = |x||y|$,

③ $|x+y| \leq |x| + |y|$ (삼각부등식)

을 만족하는 새로운 절댓값을 만들어 보자.

유리수집합 $\mathbb{Q}$는 사측연산이 가능하지만 연결되지 않은 점들로 분포되어있다. 즉, 유리수집합에는 수많은 틈(gap)이 존재한다. 이런 틈을 메워 매끈한 직선으로 만든 집합을 우리는 실수집합이라고 한다(이 과정을 completion이라 부른다). 본 강의에선 Cauchy sequence를 이용하는 방법에 대하여 간략하게 알아보자.

■ **Equivalence Relation, Equivalence Class, Partition**

(1) 일반적으로 집합 $S(\neq \varnothing)$ 위에 정의된 관계(relation) 「 ~ 」가 다음 세 조건을 만족할 때, 이 관계를 집합 S에서의 동치관계(equivalence relation)라고 부른다.

① $x \sim x$ (반사율, reflexive)

② $x \sim y \Rightarrow y \sim x$ (대칭률, symmetric)

③ $x \sim y,\ y \sim z \Rightarrow x \sim z$ (추이율, transitive)

(2) 집합 S에서의 동치관계 「 $\sim$ 」가 정의되어 있을 때, 두 원소 $x, y \in S$에 대하여 $x \sim y$ 일 때, x와 y는 서로 동치(equivalent)라 한다. 각 원소 x와 동치인 S의 원소 모임을 x에 의하여 결정된 동치류(equivalence class)라 하고

$$[x] = \{y \in S \mid x \sim y\}$$

로 나타낸다.

(3) 동치류 $[x]$로 이루어진 집합을 $S/\sim$ 로 표시하자. 즉

$$S/\sim = \{[x] \mid x \in S\}$$

이때, $S = \cup\ [x]$ 이고 x와 y가 동치관계가 아니면 $[x] \cap [y] = \varnothing$ 이다. 즉, 주어진 집합은 동치류들로 완전히 분할(partition)된다.

왜 원소 간에 관계(또는 동치관계)를 도입하는가?

원소 간의 관계를 사용는 목적은 대략 세 가지로 볼 수 있다. ⓐ 주어진 (수)집합으로부터 새로운 (수)집합을 만드는 것, ⓑ 주어진 함수의 정의역을 조절하여 이를 일대일(injective)로 만드는 것[1], 그리고 ⓒ 사회현상설명[2] 같은 응용을 들 수 있다.

이에 대한 각각의 예로 다음 연습문제를 해결해 보자. 독자들은 추상대수학에서 배운 제1동형정리(1st Isomorphism Theorem)를 찾아 참고하기 바란다.

나 $\{a_n\}$ 을 유리수로 이루어진 수열이라 하자. 임의의 양수 ϵ (매우 작은 양수)에 대하여 양의 정수 N이 존재하여

$$n, m \geq N \Rightarrow |a_n - a_m| < \epsilon$$

1) C. Pinter(박찬녕 역음), Lecture notes in set theory, 경문사, 2011(3.5절 참고)

2) J. Propp, A Galois connection in the social network, Math. Mag. 85(2012) 34-36.

을 만족할 때, 수열 $\{a_n\}$ 을 코시수열(Cauchy sequence)이라 부른다.

유리수로 이루어진 코시수열을 다 모아서 이 집합을 S 로 표시하자. S 의 두 원소 $f=\{a_n\}$ 과 $g=\{b_n\}$ 사이의 관계 「 ~ 」를 다음과 같이 정의하자.

$$f \sim g \Leftrightarrow |a_n - b_n| \to 0 \ (n \to \infty).$$

이때, 위 관계는 동치관계이고, 동치류의 집합

$$S/\sim = \{[f] \mid f \in S\}$$

이 실수집합 $\mathbb{R}$이다. 즉, 실수집합 $\mathbb{R}$은 유리수집합 위에 정의된 절댓값 | | 에 의하여 유리수로 만들어진 코시수열의 극한값의 모임이다. 환언하면 실수집합이란 유리수집합과 우리들이 사용하고 있는 절댓값 | |에 의하여 결정되는 새로운 집합이다. 이 시점에서 다음을 생각해보자.

절댓값 | |이 변하면 실수집합이 아닌 새로운 수체계가 만들어질까?

정수의 소인수분해는 유일하게 결정되며 두 수 사이의 곱은

$$(2^5\ 17) \times (2^4 11^2) = 2^9 11^2\ 17$$

처럼 각 소수의 어깨에서 덧셈으로 계산한다. 소수(prime)의 인수분해 성질을 이용하여 새로운 절댓값을 정의하고 이를 바탕으로 새로운 수체계를 만들어 보자. 절댓값은 중학교 수학1에서 "원점 사이의 거리"로 정의되고 두 음수의 덧셈을 두 수의 절댓값의 합에 공통인 부호를 붙여 계산한다. 양의 정수와 음의 정수의 곱에서도 절댓값을 이용한다. 먼저 절댓값이 어떤 역할을 하는지 대학수준에서 알아보자.

유리수에서 실수를 만들 때, 가장 중요한 역할을 하는 것이 절댓값이다. 정의를 먼저 살펴보자. 유리수 x 의 절댓값(absolute value) $|x|$ 의 정의는 다음과 같다.

$$|x| = \begin{cases} x & (x \geq 0) \\ -x & (x < 0) \end{cases} \qquad (12\text{-}1)$$

이때, 식(12-1)은 유리수의 크기(norm)를 결정하는 하나의 함수

$$| \ |: \mathbb{Q} \to \mathbb{Q}, \ | \ |(x) = |x|$$

이며, 다음 세 가지 성질을 가지고 있다.

① $|x| \geq 0$ 이고 $|x| = 0 \Leftrightarrow x = 0$
② $|xy| = |x||y|$ (12-2)
③ $|x+y| \leq |x| + |y|$ (삼각부등식)

실제, 크기라는 용어를 사용하려면 함수는 식(12-2)를 만족해야 한다. 이제 유리수에서 식(12-2)를 만족하는 새로운 자(ruler)를 만들어보자.

소수 p 를 고정시키고, 0 이 아닌 정수 m에 대하여 m을 소인수분해 했을 때, p 의 최대 멱을 $\mathrm{ord}_p\, m$ 라 쓰자. 예를 들면,

$$\mathrm{ord}_5\, 50 = 2, \ \mathrm{ord}_5\, 250 = 3, \ \mathrm{ord}_2\, 96 = 5, \ \mathrm{ord}_2\, 103 = 0$$

등이다. 한편, $\mathrm{ord}_p\, 0 = \infty$ 로 정의하면

$$\mathrm{ord}_p\,(mn) = \mathrm{ord}_p\, m + \mathrm{ord}_p\, n$$

임을 보일 수 있다(지수법칙). 한편, 유리수 $q = m/n$ 에 대하여

$$\mathrm{ord}_p\, q = \mathrm{ord}_p \frac{m}{n} = \mathrm{ord}_p\, m - \mathrm{ord}_p\, n$$

로 정의하자. 위 식은 q 에만 의존하고, q 를 표현하는 m, n 과는 무관함을 확인하기 바란다.

p를 소수라 하자. 유리수집합에서 정의된 새로운 함수 $| \ |_p: \mathbb{Q} \to \mathbb{Q}$ 를

$$|x|_p = p^{-\mathrm{ord}_p x} \ (0 \neq x \in \mathbb{Q}), \quad |0|_p = 0 \qquad (12\text{-}3)$$

로 정의하자.

식(12-3)에서 정의된 함수 $| \ |_p$ 가 식(12-2)와 특별한 부등식

$$|x+y|_p \leq \max(|x|_p, |y|_p)$$

를 만족한다. 먼저, $| \ |_p$ 가 삼각부등식을 만족함을 보이자. 나머지 증명은 독자에게 맡기겠다. 0 이 아닌 x, y, $x+y$ 에 대하여 $x = a/b$, $y = c/d$로 더

이상 약분이 안 되는 형태로 가정하자. 이때, $x+y=(ad+bc)/bd$ 이고 따라서

$$\mathrm{ord}_p(x+y)=\mathrm{ord}_p(ad+bc)-\mathrm{ord}_p b-\mathrm{ord}_p d$$

한편,

$$\mathrm{ord}_p(ad+bc)\geq \min(\mathrm{ord}_p ad,\ \mathrm{ord}_p bc)$$

이므로

$$\begin{aligned}\mathrm{ord}_p(x+y) &\geq \min(\mathrm{ord}_p ad,\ \mathrm{ord}_p bc)-\mathrm{ord}_p b-\mathrm{ord}_p d\\ &=\min(\mathrm{ord}_p a+\mathrm{ord}_p d,\ \mathrm{ord}_p b+\mathrm{ord}_p c)-\mathrm{ord}_p b-\mathrm{ord}_p d\\ &=\min(\mathrm{ord}_p a-\mathrm{ord}_p b,\ \mathrm{ord}_p c-\mathrm{ord}_p d)\\ &=\min(\mathrm{ord}_p x,\ \mathrm{ord}_p y)\end{aligned}$$

를 얻는다. 따라서 다음 부등식이 성립한다.

$$\begin{aligned}|x+y|_p &= p^{-\mathrm{ord}_p(x+y)}\leq \max(p^{-\mathrm{ord}_p x},\ p^{-\mathrm{ord}_p y})\\ &=\max(|x|_p,|y|_p)\leq |x|_p+|y|_p\end{aligned}$$

우리는 $|x|_p$ 을 x 의 p -진절대값(p -adic absolute value of x)라 부른다. 예를 들면,

$$|6|_3=|15|_3=\frac{1}{3},\ \left|\frac{1}{4}\right|_2=\left|\frac{3}{4}\right|_2=4.$$

우리는 새로운 크기함수 $|\ |_p$ 를 정의하였다.

유리수로 이루어진 코시수열 사이에 동치관계를 정의하는 데 $|\ |_p$ 를 사용하자. 그리고 새로운 수체계를 만들자.

소수 p 를 고정하자. 유리수로 이루어진 코시수열을 모두 모아 이 집합을 S 로 표시하자. S 의 두 원소 $f=\{a_n\}$ 와 $g=\{b_n\}$ 사이의 관계 『$\sim$』를 다음과 같이 정의하자.

$$f\sim g \Leftrightarrow |a_n-b_n|_p\to 0\ (n\to\infty).$$

본 관계는 동치관계이고 동치류의 집합

$$S/\sim\ = \{\,[f] \mid f \in S\}$$

를 $\mathbb{Q}_p$로 표시하고 각 원소를 p-진수라 부른다. 이 p-진수집합은 유리수집합을 품는 수체계로 실수집합과는 본질적으로 다르다.

실수체계에서 주어진 원의 중심은 유일하고 임의의 모양의 삼각형이 존재한다. 그러나 수체계가 일반화되었을 때, 예상치 않은 일이 벌어질 수 있다.

예를 들어, 수열 $a_n = 1 + p + p^2 + \cdots + p^{n-1}$은 $\mathbb{Q}_p$에서 코시수열이고 0으로 수렴한다. 즉, $|a_{n+k} - a_n|_p = |p^n + p^{n=1} + \cdots + p^{n+k-1}|_p = \dfrac{1}{p^n} \to 0$이고 수열 4, 34, 334, 3334, 33334, ... 는 $\mathbb{Q}_5$에서 2/3로 수렴하는 코시수열이다.

정리 12.1. $\mathbb{Q}_p$의 세계에서 모든 삼각형은 이등변삼각형이다.

증명 $x, y \in \mathbb{Q}_p$일 때, $x - y \in \mathbb{Q}_p$이다. $|x|_p < |y|_p$를 가정하고 다음 삼각형을 생각하자.

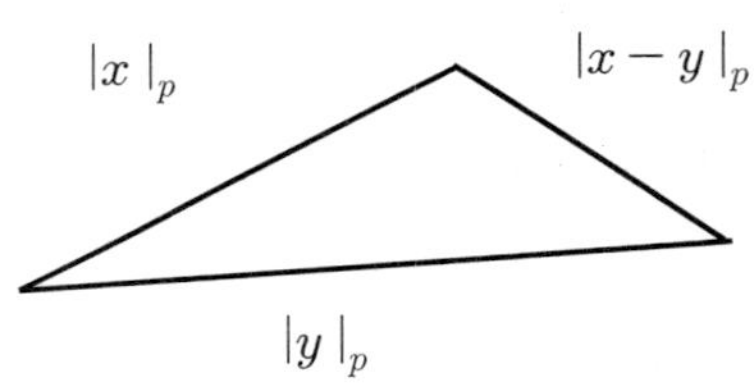

이때,

$$|x-y|_p \le \max(|x|_p, |y|_p) = |y|_p$$

이고

$$|y|_p = |x-(x-y)|_p \le \max(|x|_p, |x-y|_p) \le |x-y|_p$$

이므로 $|x-y|_p = |y|_p$이다. 따라서 모든 삼각형은 이등변삼각형이다.

정리 12.2. $\mathbb{Q}_p$의 세계에서 원의 중심은 무수히 많다.

증명 중심이 $a \in \mathbb{Q}_p$ 이고 반지름이 $r \in R,\ r \geq 0$ 인 개원판은

$$disc(a,r) = \{x \in \mathbb{Q}_p \mid |x-a|_p < r\}$$

이다. b 를 $disc(a,r)$ 에서 임의로 택하자. 만일 $x \in disc(a,r)$ 이면 $|x-a|_p < r$ 이다. 또한,

$$|x-b|_p = |(x-a)+(a-b)|_p \leq \max(|x-a|_p, |a-b|_p) \leq r$$

이므로 $x \in disc(b,r)$. 따라서 $disc(a,r) \subset disc(b,r)$ 이다. 같은 방법으로 $disc(b,r) \subset disc(a,r)$ 을 얻는다. 그러므로 $disc(a,r) = disc(b,r)$ 이다. 따라서 주어진 원의 중심은 무한히 많다.

정리 12.2에 대한 필자의 생각은 써보면 다음과 같다. : 원은 우주이고 원 내부의 점은 우리 인간들이다. 따라서 우리 인간 모두는 우주의 중심이다. 본 정리는 인간의 존엄성을 언급한 것이다.

글쓰기 주제 및 과제 1

제시문 (가), (나)를 바탕으로 중학교 2학년에서 지도하는 순환소수를 수업시간에 활용해 보자.

질문 1 순환소수 $0.\dot{9}$를 분수로 나타내어라.

현행 교과서에서 제시된 순환소수의 방향을 달리하여 즐겨보자. 순환소수 $0.\dot{9} = 0.999999\cdots$ 에서 숫자 9가 오른쪽으로 무한히 붙지는 것처럼 왼쪽으로 무한히 붙여지는 것을 생각해보자.

질문 2 $\cdots 99999$란 무엇인가? 무한일까? 교과서에 있는 방법으로 접근해보자.

질문 3 다른 계산방법을 써도 $\cdots 99999 = -1$이 나올까?

질문 4 $\cdots 99999 = -1$을 어떻게 인식해야 하는가? 자신의 생각을 써보자.

10을 0 으로 보는 mod 10 계산에 대하여 알아보자. 이는 10개의 원소로 이루어진 수체계로 등식은 $\equiv_{10}$ 을 사용하자. 예를 들어,

$$14 \equiv_{10} 4, \ -19 \equiv_{10} 1$$

처럼 두 수 a, b 의 차이가 10 의 배수이면 $a \equiv_{10} b$로 표시하자. 즉,

$$a \equiv_{10} b \Leftrightarrow a-b = 10k(\text{여기서 } k\text{는 적당한 정수})$$

이다. 따라서 모든 수는 mod 10 계산에 의하여 $\{0, 1, 2, ..., 9\}$이다. 한편, $3 \times 7 = 21$이므로 이를 분수로 표현하면 $3 \equiv_{10} \frac{1}{7}$ 이다. 이때, 5처럼 10과 서로소가 아닌 수의 역원은 존재하지 않으며 3과 같이 10과 서로소인 수만 역원을 갖는다. 10과 서로소인 것은 $1, 3, 7, 9$이다.

정의 1 p, q가 10과 서로소일 때

$$\frac{l}{p} \equiv_{10} \frac{m}{q} \Leftrightarrow lq \equiv_{10} mp.$$

예를 들어, $4 = \frac{4}{1}$를 유리수로 나타내면 다음과 같다.

$$\frac{4}{11}, 9\frac{5}{7}, 1\frac{1}{7}, -\frac{2}{7}$$

이제 앞에서 사용한 10을 일반적인 거듭제곱 10^n 에 대하여 생각해보자. $\mathrm{mod}\,10^n$ 계산에 쓰이는 숫자는 모두 10^n 개로 $\{0, 1, 2, ..., 10^n-2, 10^n-1\}$이다. 이때, 1, 3, 7, 9처럼 10^n과 서로소인 수는 곱에 관한 역원을 가지며 이를 분모로 하는 분수를 앞에서 한 것처럼 정의할 수 있다. 즉,

$$\frac{l}{p} \equiv_{10^n} \frac{m}{q} \Leftrightarrow lq \equiv_{10^n} mp \Leftrightarrow 10^n \mid (lq-mp).$$

예를 들어, $\mathrm{mod}\,10^6$ 계산에서 4를 표현해보면 다음과 같다.

$$333337\frac{1}{3}, 142861\frac{1}{7}.$$

우리는 숫자가 오른쪽으로 반복되어 나타나는 경우를 생각하고 있다. 왼쪽으로 반복되는 숫자의 개수를 왼쪽 어깨에 표시하자. 예를 들어,

$${}^{6}\overleftarrow{7} = 777777,\ {}^{6}\overleftarrow{27} = 272727,\ {}^{6}\overleftarrow{12345} = 512345$$

이다. 위 표현을 $\bmod 10^6$ 계산에서 알아보자.

(1) ${}^{6}\overleftarrow{27} = 272727$일 때,

$$10^2 \times {}^{6}\overleftarrow{27} = 27272700 \equiv_{10^6} 272700 = {}^{6}\overleftarrow{27} - 27\ ,$$

$${}^{6}\overleftarrow{27}\,(10^2 - 1) \equiv_{10^6} -27,\ {}^{6}\overleftarrow{27} \equiv_{10^6} \frac{-27}{10^2 - 1}\ .$$

위 계산을 일반적인 식으로 쓸 수 있을까? 다음 예를 시도해보면 일반적인 식을 도입하는데 도움이 된다.

(2) ${}^{6}\overleftarrow{1234567} = 234567$

$$10^7 \times {}^{6}\overleftarrow{1234567} \equiv_{10^6} 0 \equiv_{10^6} {}^{6}\overleftarrow{1234567} - 1234567$$

이고 따라서

$$(10^7 - 1)\,{}^{6}\overleftarrow{1234567} \equiv_{10^6} -1234567 \text{ 또는 } {}^{6}\overleftarrow{1234567} \equiv_{10^6} \frac{-1234567}{10^7 - 1}$$

이다. 예를 들어, $13579 = a_4a_3a_2a_1a_0$로 표시하자. 이때, 자리수가 5자리이므로

$$13579 = a_4a_3a_2a_1a_0 = a(5)$$

로 표시하면 편리하다. 이를 바탕으로 다음 식을 얻는다.

$${}^{n}\overleftarrow{a(k)} \equiv_{10^n} \frac{-a(k)}{10^k - 1}$$

본 식에서 오른쪽은 $n(=6)$과 관계가 없음을 위 두 예에서 알 수 있다. 따

라서 다음과 같은 새로운 정의를 내리자.

정의 2 $\overleftarrow{a(k)} = \dfrac{-a(k)}{10^k - 1}$ (이 값을 모듈 10 유리수라 부른다)

이때, 몇 개의 예를 들면,

$$\overleftarrow{9} = -\frac{9}{9} = -1, \ \overleftarrow{27} = \frac{-27}{10^2-1} = -\frac{3}{11}, \ \overleftarrow{12345} = \frac{-12345}{10^5-1} = -\frac{4115}{33333}.$$

물론 본 계산은 $n=6$ 일 때, $\bmod 10^6$ 계산과 동일하다. 즉,

$${}^{6}\overleftarrow{9} = 999999 \equiv_{10^6} -1,$$

$${}^{6}\overleftarrow{27} = 272727 \equiv_{10^6} -\frac{3}{11} \text{ (여기서 } 272727 \times 11 + 3 = 3000000\text{)},$$

$${}^{6}\overleftarrow{12345} = 512345 \equiv_{10^6} -\frac{4115}{33333}$$

(여기서 $512345 \times 33333 + 4115 = 17078000000$).

글쓰기 주제 및 과제 2

1. 독자들은 집합 $S = \mathbb{Z} \times (\mathbb{Z} - \{0\})$에 "동치관계와 분할의 방법"을 사용하여 정수집합에서 유리수집합을 만들어 보자.

2. 함수 $f: A \rightarrow B$에 대하여 관계 G를

$$G = \{(x,y) \mid f(x) = f(y)\} \subseteq A \times A$$

로 정의하자. 우리가 사용한 기호를 동원하면 $x \sim y \Leftrightarrow (x,y) \in G$이다. 이때, G는 동치관계이다. x를 갖는 동치류를 G_x로 표시하고 동치류의 집합을 $A/G = \{G_x \mid x \in G\}$라 하자. 함수 $h: A/G \rightarrow f(A), h(G_x) = f(x)$는 bijective이다. 즉, 정의역 A를 A/G로 조절하면 일 대 일 함수(injective map)를 만들 수 있다(군론(normal subgroup)이나 환론(ideal)에서 제1동형정리 참고).

3. 아는 관계 $x \sim y$를 Facebook에서 'friending'와 같이 대칭률(symmetric)을 가정하자. 즉, x가 y를 안다. $\Leftrightarrow y$가 x를 안다. 일부 사람들의 모임을 S라 하자. 이때, $K(S)$를 S에 속한 모든 사람들을 아는 사람들의 집합이라 하자.

ⓐ $S \subseteq S' \Rightarrow K(S') \subseteq K(S)$, ⓑ $S \subseteq K(K(S))$

가 성립함을 설명하여 보자. 이제, 이 둘을 결합하면

$$K(K(K(S))) \subseteq K(S)$$

이고 ⓑ에서 S를 $K(S)$로 바꾸면

$$K(S) \subseteq K(K(K(S)))$$

이다. 따라서 다음을 얻는다.

$$K(K(K(S))) = K(S).$$

4. 인간의 존엄성을 다룬 본 내용을 가능한 수식을 사용하지 말고 1200자로 기술해 보자.

13 라르사 점토판

Keywords 피타고라스 짝, 삼각수, 제곱수

제시문

㉮ 점토판 Plimpton 322(또는 라르사 점토판)의 크기는 $13 \times 9 \times 2\ cm$이다. 뉴욕에서 출판업을 하는 George A. Plimpton의 이름에서 따왔는데 그는 역사적인 수학책 등의 모든 소장품을 1930년대 중반에 콜럼비아 대학에 기증하였다. 그는 이 점토판을 1922년경에 Edgar J. Banks로부터 $10에 구입하였는데 Banks는 이 점토판을 이라크 남쪽 Senkereh로 불리는 유적지에서 구했다고 한다. Senkereh의 옛 지명은 Larsa이다. 기원전 2000년에서 기원전 1600년 사이로 연대가 추정되며 60진법으로 쓰여져 있다.

1:59:00:15	1:59	2:49	1
1:56:56:58:14:50:06:15	56:07	1:20:25	2
1:55:07:41:15:33:45	1:16:41	1:50:49	3
1:53:10:29:32:52:16	3:31:49	5:09:01	4
1:48:54:01:40	1:05	1:37	5
1:47:06:41:40	5:19	8:01	6
1:43:11:56:28:26:40	38:11	59:01	7
1:41:33:45:14:03:45	13:19	20:49	8
1:38:33:36:36	9:01	12:49	9
1:35:10:02:28:27:24:26	1:22:41	2:16:01	10
1:33:45	45	1:15	11
1:29:21:54:02:15	27:59	48:49	12
1:27:00:03:45	7:12:1	4:49	13
1:25:48:51:35:06:40	29:31	53:49	14
1:23:13:46:40	56	53	15

1) Plimpton 322의 오류 수정

플림톤 322에는 세 군데 오류가 있다. 먼저 이를 수정해보자.

① 첫 번째 오류 : 9째줄

점토판을 만드는 과정에서 8:1을 9:1로 단순히 잘못 기입한 것으로 짐작할 수 있다. $8:1 = 8 \times 60 + 1 = 481$로 고치면 피타고라스 짝 $(481, 600, 769)$

를 얻는다.

② 두 번째 오류 : 13째줄

점토판을 만드는 과정에서 25921의 제곱근 $161 = 2\times 60 + 41 = 2:41$ 을 점토판에 써 넣어야하는데 이를 잊고 $25921 = 7:21:1$ 로 잘못 기입한 것으로 추측할 수 있다.

③ 세 번째 오류 : 15째줄

두 수 56, 53으로는 피타고라스 짝을 만들 수 없다. 그러나 53의 2배 106을 사용하면 (56,90,106)은 피타고라스 짝이다. 따라서 점토판에 있는 53은 106=1:46으로 바꾸어야 한다.

2) 60진법을 10진법으로 고쳐보자.

① 첫째 칸 $1:59:00:15$ 를 십진법으로 고치면

$$1:59:00:15 = 1 + 59\times\frac{1}{60} + 15\times\frac{1}{60^3} = \frac{28561}{14400} = \frac{169^2}{120^2}$$

② 둘째 칸 $1:56:56:58:14:50:06:15$를 십진법으로 고치면

$$\begin{aligned}&1:56:56:58:14:50:06:15\\ &= 1 + 56\times\frac{1}{60} + 56\times\frac{1}{60^2} + 58\times\frac{1}{60^3} + 14\\ &\quad\times\frac{1}{60^4} + 50\times\frac{1}{60^5} + 6\times\frac{1}{60^6} + 15\times\frac{1}{60^7}\\ &= \frac{23280625}{11943936} = \frac{4825^2}{3456^2}\end{aligned}$$

3) 두 수 $\frac{169^2}{120^2}$, $\frac{4825^2}{3456^2}$을 살펴보면 점토에 새겨져 있는 수가 단지 피타고라스 짝만을 의미하는 것이 아니라 삼각비와도 관련 있다는 것을 알 수 있다.

① 직각삼각형에서 $a = 120$, $c = 169$ 이면 그 사이각 θ는 $\cos\theta = 120/169$에서 계산기를 쓰면 $\theta = 44.76^\circ$ 이다.

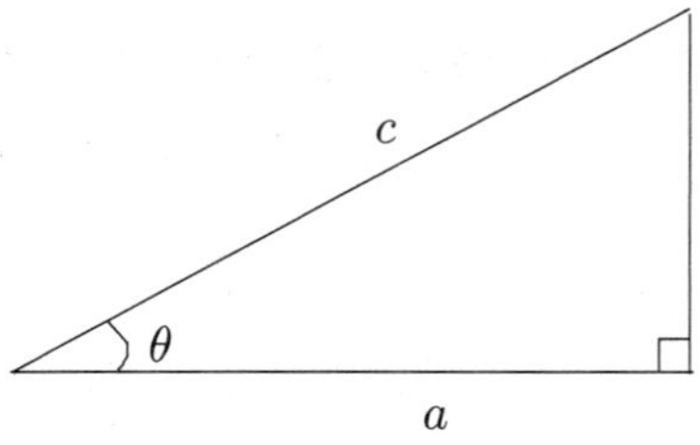

② 다시 말하면, 점토의 첫째 칸에 있는 수들은 직각삼각형(특히, 피타고라스 삼각형)에서 밑변과 빗변의 비의

제곱을 알려주는 값이고 이것은 결국 cosine의 값을 나타내므로 점토판은 각도가 31.89도부터 44.76도에 이르는 삼각비를 나타낸 표이다. 이로부터 당시 바빌로니아 인들이 삼각비의 값을 표로 만들어 사용했다는 것을 알 수 있다.

③ 이제 점토의 첫째 칸으로부터 각도를 계산하면 다음과 같다. 독자들도 TI-92 등의 분수계산 능력이 있는 계산기를 사용하여 방과후에 학생들을 지도해 보자.

첫째 칸	$(1/\cos\theta)^2$	각도(θ)	높이	빗변(c)	밑변(a)	줄
1:59:00:15	$(169/120)^2$	44.76	119	169	120	1
1:56:56:58:14:50:06:15	$(4825/3456)^2$	44.25	3367	4825	3456	2
1:55:07:41:15:33:45	$(6649/4800)^2$	43.78	4601	6649	4800	3
1:53:10:29:32:52:16	$(18541/13500)^2$	43.27	12709	18541	13500	4
1:48:54:01:40	$(97/72)^2$	42.07	65	97	72	5
1:47:06:41:40	$(481/360)^2$	41.54	319	481	360	6
1:43:11:56:28:26:40	$(3541/2700)^2$	40.31	2291	3541	2700	7
1:41:33:45:14:03:45	$(1249/960)^2$	39.77	799	1249	960	8
1:38:33:36:36	$(769/600)^2$	38.72	481	769	600	9
1:35:10:02:28:27:24:26	$(8161/6480)^2$	37.44	4961	8161	6480	10
1:33:45	$(75/60)^2$	36.87	45	75	60	11
1:29:21:54:02:15	$(2929/2400)^2$	34.98	1679	2929	2400	12
1:27:00:03:45	$(289/240)^2$	33.86	161	289	240	13
1:25:48:51:35:06:40	$(3229/2700)^2$	33.26	1771	3229	2700	14
1:23:13:46:40	$(106/90)^2$	31.89	56	106	90	15

나 이집트인 프톨레마이오스(Claudius Ptolemy)가 히파르쿠스의 저서를 인용하여 만든 것으로 여겨지는 그의 저서(Almagest)에서 다룬 후속적인 현 표를 보면, 반지름의 길이가 60인 원에서 중심각이 $\frac{1}{2}°, 1°, \frac{3}{2}°$로 $\frac{1}{2}°$ 간격으로 하여 $179\frac{1}{2}°, 180°$까지 모두 360개의 현의 길이를 60진법으로 주고 있다[1]. 예를 들어, 6°인 현의 길이는 $crd\ 6°$로 표시하여 60진법으로 $crd\ 6° =$ $6;16,49$로 표에서 주고 있다. 6;16,49를 10진법으로 고치면 $6+\frac{16}{60}+\frac{49}{60^2}=$

1) I. Thomas, Greek mathematics II, Harvard Univ. Press, 1951(p.407-p.445)
A. Aaboe, Episodes from the early history of mathematics, MAA, 1998(p.103 - p.106).

$\frac{22609}{3600}$ 이다. 따라서 이 값이 대략 6.280278이다. 즉,

$$120\sin 3^\circ = crd\, 6^\circ \fallingdotseq 6.280278$$

로 계산하였다. 한편, 계산기를 사용하면

$$120\sin 3^\circ \fallingdotseq 6.280315$$

이다.

다 피타고라스 짝 (a, b, c)에 대하여 자명하게 (ad, bd, cd)도 피타고라스 짝이다. 특히, 세 수 a, b, c 사이에 공통된 약수가 없을 때, 우리는 피타고라스 짝 (a, b, c)를 기본 피타고라스 짝이라 부른다. 예를 들면,

$$(3, 4, 5),\ (5, 12, 13),\ (8, 15, 17),\ (7, 24, 25),\ (20, 21, 29),\ (9, 40, 41)$$

등이다. 이때, a, b 중 하나는 홀수이고 나머지 하나는 짝수로 보인다. 피타고라스 짝 (a, b, c)에 대하여 $a^2 + b^2 = c^2$ 이므로

$$\left(\frac{a}{c}\right)^2 + \left(\frac{b}{c}\right)^2 = 1$$

이다. 따라서 유리수인 순서쌍 $(a/c,\ b/c)$은 방정식

$$x^2 + y^2 = 1$$

을 만족한다[2].

라 다음 그림과 같은 수 $1, 3, 6, 10, \ldots, \frac{n(n+1)}{2}, \ldots$

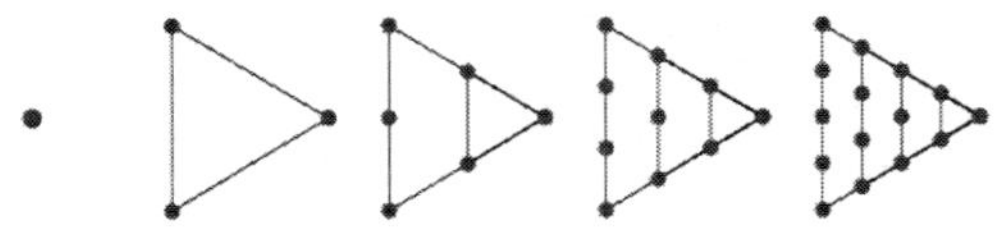

2) J. H. Silverman, Number theory, 2nd. ed., Prentice Hall, 2001.

를 삼각수(triangular number)라 부르고 다음 그림과 같은 수 $1, 4, 9, \ldots, n^2, \ldots$

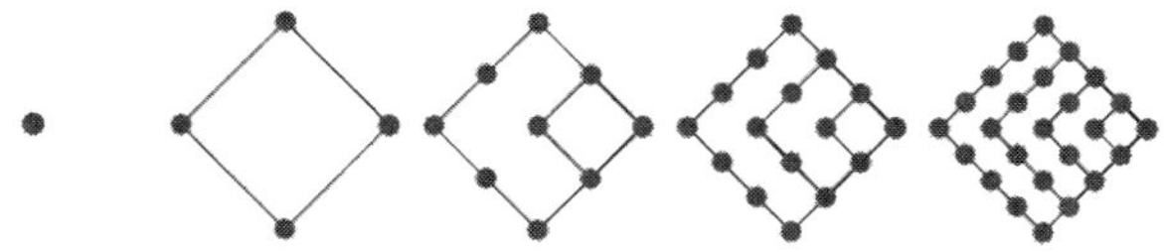

를 제곱수(square number)라 한다. 피타고라스 짝 $(3, 4, 5)$에서 3은 삼각수이고 4는 거듭제곱수이다. 그러나 피타고라스 짝 $(5, 12, 13)$에서는 이를 말할 수 없다. 한편, 12를 거듭제곱수로 만들려면 $12 = 2^2 \cdot 3$이므로 12에 3을 곱하면 $12 \times 3 = 2^2 \cdot 3^2 = 6^2$으로 제곱수를 만들 수 있다. 따라서 피타고라스 짝 $(5, 12, 13)$에 3을 각각 곱하면 $(15, 36, 39)$는 피타고라스 짝이며 특히, $36 = 6^2$으로 제곱수이고 $15 = \frac{5(5+1)}{2}$로 삼각수이다. 피타고라스 짝 (a, b, c)에 대하여 b가 제곱수가 아니면 $b = f^2 \times \beta$로 쓸 수 있다. 이때, $(a\beta, b\beta, c\beta)$는 피타고라스 짝이고 $b\beta$는 제곱수이다. 이제 $(y^2 a\beta, y^2 b\beta, y^2 c\beta)$에 대하여 $y^2 a \beta$ 가 삼각수인 y를 구하여보자. 즉, $y^2 a\beta = \frac{n(n+1)}{2}$을 만족하는 n을 구해보자. 이제 정수 n은 이차방정식

$$n^2 + n - 2y^2 a \beta = 0$$

을 만족하므로 판별식은 제곱수이어야 한다. 즉

$$x^2 = 1 + 8y^2 a \beta \quad \text{또는} \quad x^2 - (8a\beta)\, y^2 = 1$$

이다[3]. 이때,

$$1 = (x - \sqrt{8a\beta}\, y)(x + \sqrt{8a\beta}\, y)$$

이고 $x^2 - (8a\beta)\, y^2 = 1$를 만족하는 간단한 정수해 $x = x_0$, $y = y_0$를 구한 후 양변

3) S. Brueggman, Pythagorean triples with square and triangular sides, The College Math. J., Vol. 38(2), (2007) 138-140.

$$1 = (x_0 - \sqrt{8a\beta}\, y_0)(x_0 + \sqrt{8a\beta}\, y_0)$$

을 제곱하여 새로운 정수해를 구할 수 있다.

논제 1 (a, b, c)가 기본 피타고라스 짝이면 a, b 중 하나는 홀수이고 나머지 하나는 짝수이다.

논제 2 (1) 기울기가 m (m은 유리수)이고 점 $(-1, 0)$을 지나는 직선의 방정식은 $y = m(x+1)$이다. 직선과 중심이 $(0, 0)$이고 반지름의 길이가 1인 원이 만나는 점을 구해보자.

(2) $m = \dfrac{v}{u}$ (u, v는 정수)에 대하여

$(u^2 - v^2,\ 2uv,\ u^2 + v^2)$

은 피타고라스 짝이다.

논제 3 피타고라스 짝 $(5, 12, 13)$으로부터 삼각수 그리고 제곱수를 일반적으로 찾아 보자.

논제 해설

논제 1 (1) a, b 모두 짝수이면 $a^2 + b^2 = c^2$이므로 c^2은 짝수이고 따라서 c도 짝수가 되어 (a, b, c)가 기본 피타고라스 짝이 되지 못한다.

(2) a, b 모두 홀수이면 c는 짝수이다. 따라서

$$a = 2x+1,\ b = 2y+1, c = 2z$$

라 하면,

$$(2x+1)^2+(2y+1)^2=(2z)^2$$

이고

$$2x^2+2x+2y^2+2y+1=2z^2$$

로 모순을 얻는다.

논제 2 (1) $y=m(x+1)$을 $x^2+y^2=1$에 대입하면

$$x^2+(m(x-1))^2=1 \text{ 또는 } (m^2+1)x^2+2m^2x+(m^2-1)=0$$

직선과 원의 교점이 $(-1,0)$이므로 $x=-1$은

$$(m^2+1)x^2+2m^2x+(m^2-1)=0$$

를 만족한다. 또 다른 해는

$$x=\frac{1-m^2}{1+m^2}$$

이때,

$$y=m\left(\frac{1-m^2}{1+m^2}+1\right)=\frac{2m}{1+m^2}$$

이므로 임의의 유리수 m에 대하여 방정식 $x^2+y^2=1$의 유리수 해

$$\left(\frac{1-m^2}{1+m^2},\frac{2m}{1+m^2}\right)$$

이 존재한다.

(2) $\left(\frac{1-m^2}{1+m^2},\frac{2m}{1+m^2}\right)$는 $x^2+y^2=1$를 만족한다. 이제 $m=\frac{v}{u}$라 하면

$$\frac{1-m^2}{1+m^2}=\frac{1-(v/u)^2}{1+(v/u)^2}=\frac{u^2-v^2}{u^2+v^2},\quad \frac{2m}{1+m^2}=\frac{2(v/u)}{1+(v/u)^2}=\frac{2uv}{u^2+v^2}$$

이다. 따라서 피타고라스 짝 $(u^2-v^2,\ 2uv,\ u^2+v^2)$을 얻는다.

논제 3 $a=5$ 이고 $12=2^2 \bullet 3$ 이므로 $\beta=3$ 이다. 따라서 방정식 $x^2-8a\beta y^2=1$ 에서 $x^2-120y^2=1$. 이때, $x=11$, $y=1$ 를 쉽게 구할 수 있다. 즉, $11^2-120 \cdot 1^2=1$. 이를 다시 쓰면

$$1=(11-\sqrt{120})(11+\sqrt{120})$$

양변을 제곱하면

$$1=1^2=(241-22\sqrt{120})(241+22\sqrt{120})$$

또는

$$(241)^2-120(22)^2=1$$

이므로

$$x=241,\ y=22$$

를 구할 수 있다. 피타고라스 짝 $(15 \cdot 22^2,\ 36 \cdot 22^2,\ 39 \cdot 22^2)$에 대하여 $36 \cdot 22^2$ 은 제곱수이고 $15 \bullet 22^2=7260$은 $\dfrac{120(120+1)}{2}$으로 삼각수이다.

글쓰기 주제 및 과제

한 변의 길이가 2인 정사각형에 내접하는 원이 있다. 선분 PS와 원이 만나는 점 Q_1은 직선 $y=2x-1$과 원 $x^2+y^2=1$의 교점 (4/5, 3/5)로 피타고라스 짝 (3, 4, 5)를 만든다. 즉, 원 내접한 직사각형은 Q_1을 모서리로 하는 직사각형으로 피타고라스 짝 (3, 4, 5)를 만든다. 그림에서 원 상에 있는 점 Q_2, Q_4, Q_{10}은 피타고라스 짝 (5, 12, 13), (8, 15, 17), (20, 21, 29)를 만드는 직사각형의 모서리임을 보이자. 그리고 처음 (3, 4, 5)를 만든 직사각형(원의 내부 사각형)에서 했던 방법으로 새로운 직사각형(예를 들어, Q_4를 모서리로 하고 원에 내접)에 동일하게 적용하면 다른 파타고라스 짝을 끝없이 얻을 수 있다[4].

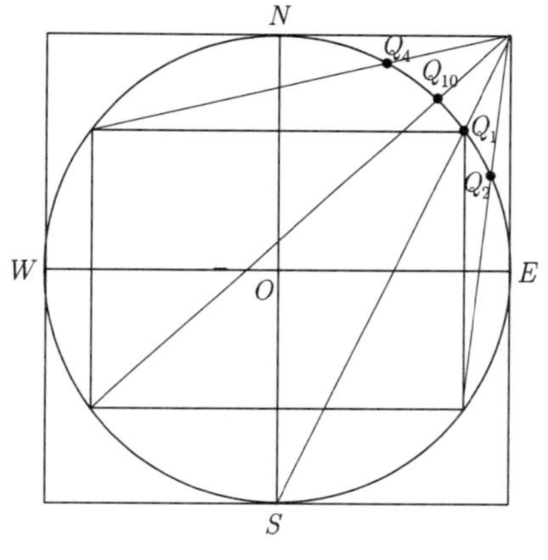

4) J. Conway and R. Guy, The book of number, Copernicus Books, 1996(p.172)

14 압바스 왕조의 번역운동

Keywords 번역운동, 이차방정식, 알콰리즈미, 지혜의 전당

제시문

가 번역운동을 시작한 압바스 왕조 초기 칼리프는 알 만수르(754-775 재위)와 그의 아들 알 마흐디(775-785 재위)이다. 아흐바리에 의하면 알 만수르는 외국어 책을 아라비아어로 번역한 첫 칼리프인데 예를 들면, 《카리아 와딤나》, 《Sindhind》 등이고 아리스토텔레스의 논리학과 다른 주제에 관한 책들, 프톨레마이오스의 《알마게스트》, 유클리드의 《원론》 등을 들 수 있다. 이븐 알둔은 알만수르가 유클리드의 《원론》 번역을 특별히 후원했다고 한다(D. Gutas p.52)[1]. 특히 《알마게스트》는 필사본이 이란 지역 한 수도원에 보관된 덕분에 프톨레마이오스의 체계가 살아남을 수 있었다. 765년 이를 번역하여 '알 마기스트(Al Magiste)'라 불렀으며, 이 이름이 변형되어 'Almagest'가 되었다. 이 책은 스페인의 알폰소(1221-1248)가 아랍어를 라틴어로 번역하여 유럽으로 전해졌다[2].

수학적 천문학의 발달은 수리과학이나 점성학과 밀접한 관련을 맺고 있었다. 천문학의 경우에는 압바스 왕조 이전에도 중요한 번역 활동이 있었는데 이 경우에는 팔라비어와 산스크리트어를 번역했다. 또 천문표가 작성되고 다른 유용한 천문학이나 관련문헌의 저술이 이루어졌다. 그러나 압바스 왕조가 천문학의 번역 및 저술활동을 공식적으로 채택하게 된 것은 771년 또는 773년에 신드에서 바그다드의 알 만수르(754-775 재위) 궁전으로 사절단이 오면서부터였다. 이 사절단의 목적을 알려주는 자료는 없다. 알려진 것은 이 사절단의 일원이었던 한 인도 학자가 《Siddhanta》라고 부르는 산스크리트 천문학 텍스트들을

1) D. Gutas, 그리스 사상과 아랍문명(정영목 옮김), 경기도: 글항아리, 2013.
2) Kenneth Davis(이충호 옮김), 우주의 발견, 푸른숲, 2001(pp.83-84).

한 묶음 가져왔으며, 알 만수르의 직접 명령으로 알 파자리가 이것들을 아라비아어로 번역했고, 이 번역이 아라비아어 《Sindhind》로 출간되었다.

참고로 앞에서 언급한 《Siddhanta》의 저자는 수학자이자 천문학자인 부라마굽타이다. 그는 4권의 저술을 하였다. 그의 대표작은 628년에 저술한 《Brahmasphuta-Sidd' hanta, the revised system of Brahma》이며, 총 21장 중에서 12장과 18장은 수학을 다루고 있다.[3] Merzbach와 Boyer의 주장에 따르면 이 책은 770년대에 바그다드로 전해져 775년경에 "Sindhind"란 제목으로 아랍어로 번역되었다. 곧이어 780년에 Ptolemy의 《Tetrabiblos》가 그리스어에서 아랍어로 변역되었다[4]. 한편, Eves(p.231)는 칼리프 알 만수르 시기인 766년에 부라마굽타의 저술이 바그다드로 들어와 왕궁의 후원으로 아랍어로 번역되었다고 설명하고 있다.

또한, Cajori의 주장에 따르면 772년에 인도의 《Siddhanta》는 바그다드로 옮겨와 아랍어로 번역되었다. 그 시기에 인도와 아랍 천문학자들 사이에 교류가 있었는지에 대한 증거는 없다. 많은 그리스 서적이 칼리프 알마문(813-833 재위) 이후 10세기까지 중요한 철학, 의학, 수학, 천문학 서적의 아랍어로의 번역 작업이 지속되었다. 수학 서적의 번역 작업은 처음에는 그리스어와 아랍어에 능통하고 수학에 숙달된 번역자를 필요로 하기 때문에 매우 불충분하였을 것이다. 번역 작업은 만족할 때까지 계속하여 보완되었다. 처음 아랍어로 번역된 그리스 저자는 유클리드와 프톨레미이다. 번역은 하룬 앗 라시드(786-808 재위) 시대에 이루어졌다(물론 앞에서 드미트리는 아흐바리의 기록에 근거하여 알 만수르(754-775 재위) 시대로 제시하였다). 유클리드 원론의 개정판은 알 마문(813-833 재위)의 명령에 의하여 이루어지는데 여러 오류를 가지고 있었기에 새로운 번역이 Hunain ibn Ishak 또는 그의 아들 Ishak ibn Hunain에 의하여 이루어지고, Tabit ibn Korra에 의하여 만족할만한 번역으로 완성된다. 그러나 아직 프톨레미의 알마게스트 번역은 어려움을 겪는다. 아랍어로 번역되는 중요한 저서의 저자들은 Appolonius, Archimedes, Heron, Diophantus 등이다. 따라서 아랍은 1세기 동안에 그리스 과학의 광대한 보물들을 접하게 된다.[5]

---

3) H. Eves, An introduction to the history of mathematics, 6th ed. SCP, 1990(p.221).
4) U. Merzbach and C. Boyer, A history of mathematics, 3rd ed. Wiley, 2011(p.204-205).
5) F. Cajori, A history of mathematics, 5th. ed., AMS, 1991.

나 알 만수르는 원형으로 바그다드를 건설하였다. 여기에는 확고하게 통제를 하면서 압바스 제국을 구성하는 다양한 민족과 전통의 이데올로기적 요소를 흡수하겠다는 이중적 접근방법이 드러난다. 우선 칼리프의 궁을 중심에 둔 원형은 중앙집권적 통치를 상징하고 알 만수르가 통제하고 있다는 사실을 생생하게 과시한다. 자료에 의하면 알 만수르가 이러한 형태를 따른 것은 원의 중심에 있으면 도시의 모든 지역과 거리가 같기 때문이라고 한다. 유클리드의 《원론》의 Book I, Definition 15(A circle is a plane figure contained by one line such that all the straight lines falling upon it from one point among those lying within the figure are equal to one another)를 도시 계획에 적용한 것으로 보인다. 이와 같은 일의 의미는 칼리프가 고대 지식을 적용하고 있다는 것이다. 그 이유는 칼리프의 소재지를 이라크(바그다드)로 옮겼기 때문에 압바스 왕조는 페르시아어 주민의 중심지에 자리 잡게 되었다. 이 주민들의 역사와 문화가 아직 형성 중이던 새로운 압바스 왕조 문화를 규정하는데 핵심적인 역할을 할 수밖에 없었다. 이를 위하여 알 만수르는 그 기원이 무엇이든 고대 지식을 찾아서 사용하라는 명령 (《덴카르트》의 명령)을 이행하고 있다는 것이다. 더욱이 바그다드가 사산 왕조의 수도인 크테시폰과 아주 가깝다는 사실자체가 그렇게 보는 사람들의 눈에는 새 왕조가 진실로 옛 페르시아 제국들의 계승자라는 상징일 수밖에 없었다. 알 만수르는 이런 점에서 또 사산 왕조 제국의 전통을 이어가고 있었던 것이다. 한편, 알 만수르가 채택한 사산왕조의 조로아스터교 이데올로기는 팔라비어 번역을 통하여 고대 문헌을 "복원"한다는 개념을 포함하고 있었다. 사산 왕조의 몰락과 압바스 왕조 등장 사이 1세기 동안 이런 복원활동은 팔라비어 문헌을 아라비아어로 번역하는 것으로 방향을 틀게 되었다. 압바스 왕조 초기에 이런 번역 문화의 주요 담당자들이 행정부 최고위직에

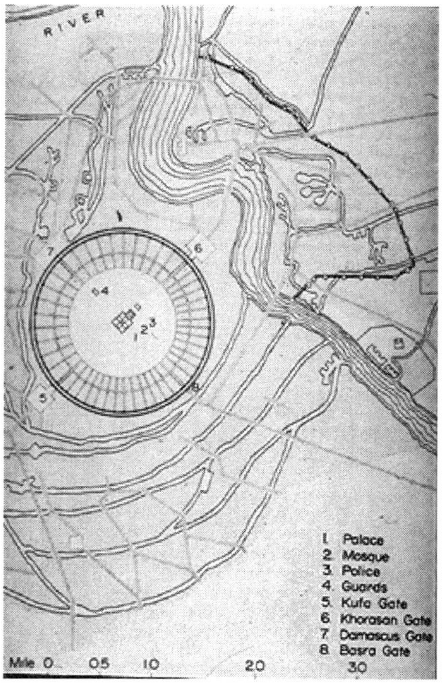

[그림 14-1] 원형 궁전
http://archsoc.westphal.drexel.edu

오르게 되었고 이런 활동을 수행하도록 제도적 뒷받침과 재정 지원을 받았다.

다 유럽은 대수학을 디오판토스의 저서를 통하여 처음 접하는 것이 아니라 알 콰리즈미의 저서를 통하여 처음 접한다. 방정식 풀이를 위한 "the handbook of calculation by reunion and reduction"의 의미인 책 《al-Kitab al-mukhtasar fi hisab al-gabr wa' l-muqabala》은 813년과 830년 사이(드미트리, p.166) 또는 825년 경(Suzuki)에 유클리드의 《원론》이 번역되고 반세기 후에 저술되는데, 일부 2차방정식 증명에서 기하적인 방법을 쓰는 것으로 보아 유클리드 《원론》의 영향을 받은 것으로 추정된다. 그러나 알 콰리즈미의 대수적 전개는 디오판토스의 영향을 받은 것 같지는 않다. 디오판토스의 《수론서, Arithmetica》를 아라비아어로 번역하는 동기가 되었으며 《수론서》는 9세기 말에 Costa ibn Luca에 의하여 번역된다. 이때 알 콰리즈미가 사용한 용어를 사용하여 번역되었다.

알 콰리즈미의 라틴어판은 12세기에 로버트 체스터(R. Chester)가 《Liber Algebrae et Almuqabala, 방정식의 해를 다루는 수학분야》로 번역본을 출간한다[6]. 먼저, "reunion"은 아랍어 "al-jabr"로 우리는 현재 이를 "algebra"로 사용하고 있다. 아랍인이 방정식을 풀 때 사용하는 연산의 원리를 말하는 두 용어 "reunion and reduction"을 예를 들어 살펴보자. $x^2-4x=2x+5$에서 $-4x$를 이항한 $x^2=4x+2x+5$은 "reunion, al-gebr, 이항"이며 동류항 기리 $4x+2x=6x$로 하여 $x^2=6x+5$로 한 것은 "reduction, almuqabala, 연산"이다(Cajori, p.103). 참고로 J. Derbyshire는 "A Handbook of calculation by completion and reductiom"으로 부른다. Suzuki는 이 책을 영어로 《The condensed Book of completion and restoration》으로 쓰고 있다. 손주영·황병하 외의 《이슬람 문명의 길을 걷다》(p.478)에서는 "채우기와 균형을 위한 계산"으로 번역하여 사용하고 있다. 이는 사전적인 번역에 치우친 것으로 부적절하다. 따라서 알 콰리즈미의 책을 《이항과 연산의 계산안내책》이라고 변역하는 것이 온당하다.

디오판토스 이후 이 분야에서 상당히 의미 있는 책이다. 본 책은

6) L. C. Karpiniski, Robert of Chester's Latin translation of the algebra of Al-Khowarizmi, The Macmillan Company, New York, 1915.

① 이차방정식 풀이

② 넓이와 부피측정

③ 아주 복잡한 계산처리

를 다루고 있다. 알 콰리즈미는 디오판토스가 단어의 축약을 통한 미지수를 사용한 데 반하여 아무런 문자기호를 쓰지 않았다. 그는 number, root(x), square(x^2)로 사용하였다. 책의 예를 들면 다음과 같다.

> 어떤 것을 제곱한 것과 그것의 10배가 39디르헴이다. 다시 말해서 제곱을 하고 그것의 10배를 더하면 39가 되는 것은 무엇인가?

참고로 방정식 풀이에서 이항과 동류항끼리의 연산이 이미 디오판토스의 저술에서 발견되므로 이항과 연산이 알 콰리즈미의 최초업적이라고 주장하기에는 무리가 있다. 예를 들어, 디오판토스의 저서 《Arithmetica》(Book I, Problem 17)의 예를 현대적 기호로 사용하면

$$x=(x-20)+(x-22)+(x-24)+(x-27),\ 3x=93,\ x=31$$

로 이항(reunion)과 동류항끼리의 연산(reduction)을 사용하고 있다.

알 콰리즈미의 대수적 업적은 등식의 개념을 관심의 대상으로 내세우고, 이것들을 한 미지수에 대한 일차와 이차의 형태로 분류한 다음, 그 각각에 대한 해법을 제시했다는 것이다. 그는 모두 여섯 가지로 분류했는데 이를 오늘날의 기호로 쓰면 다음과 같다.

① $ax^2=bx$

② $ax^2=b$

③ $ax=b$

④ $ax^2+bx=c$

⑤ $ax^2+c=bx$

⑥ $ax^2=bx+c$

특히 근을 구하는 과정은 일부는 산술적으로 그리고 나머지 일부는 기하학적 방법으로 하였다[7].

예를 들어 $x^2 + 10x = 39$의 풀이는 [그림 14-2]와 같다.

알 콰리즈미의 가장 위대한 업적은 부라마굽타가 발견한 0(zero)을 대수적으로 사용한 것이다.

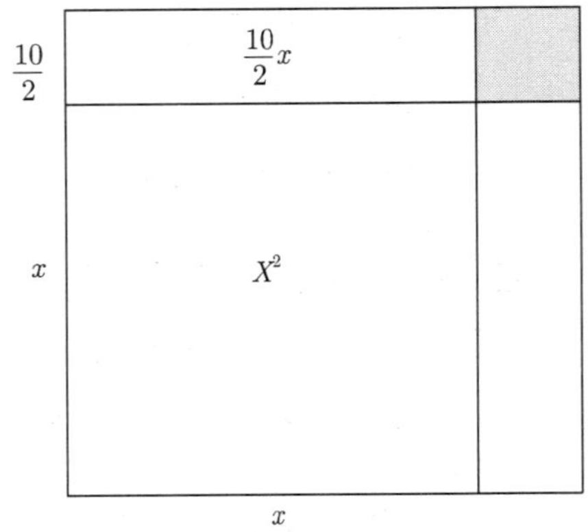

[그림 14-2] 기하적 접근

When nothing remains [in subtraction], put down a small circle so that the place be not empty, but the circle must occupty it.

더 복잡하고 추상적인 과정과 가치를 나타내기 위해 힌두 숫자의 수용을 촉진한 것이다.

알 콰리즈미의 업적을 우리가 알아본 디오판토스나 바빌로니아인의 그것과 비교하면 큰 차이가 없다고 생각할 수 있다. 그러나 이에 대하여 존 더비셔는 symbolic algebra의 발전이 얼마나 어려운 것인가를 지적한다.[8)]

It is, I agree, all a bit depressing. Yet it is also inspiring, in a way. The extreme slowness of progress in putting together a symbolic algebra testifies to the very high level at which this subject dwells.

논제 1 $x^2 + 10x = 39$의 풀이를 설명하여라.

---

7) D. Burton, The history of mathematics, 6th ed. McGraw-Hill, 2007(pp.240-241).

8) J. Derbyshire, Unknown quantity, Joseph Henry Press, 2006(pp.51).

논제 해설

논제 1 흰색 바탕의 넓이는 $x^2+2\left(\frac{10}{2}\right)x$ 이고 왼쪽 모서리 음영색 정사각형의 넓이 $\left(\frac{10}{2}\right)^2$을 더하자. 즉,

$$\left(x+\frac{10}{2}\right)^2 = x^2+2\left(\frac{10}{2}\right)x+\left(\frac{10}{2}\right)^2 = 64$$

따라서 $x+\frac{10}{2}=8$, $x=3$이다. 이를 현대적 기호를 사용하여 일반적으로 표현하면

$$x^2+px=q,\ (x+\frac{p}{2})^2 = x^2+2\left(\frac{p}{2}\right)x+\left(\frac{p}{2}\right)^2 = q+\left(\frac{p}{2}\right)^2$$

즉, $x=\sqrt{q+(p/2)^2}-p/2$이다.

[그림 14-3] 알콰리즈미 동상

글쓰기 주제 및 과제

1. 압바스 왕조 번역운동의 의미를 1200자로 제시하시오.

2. 알 만수르가 유클리드의 원의 정의에 따라 바그다드를 원형으로 건설한 이유는 무엇인가?

   위 두 글쓰기는 드미트리 구타스의 《그리스 사상과 아랍문명》을 참고해 보자.

3. 알콰리즈미의 수학적 업적을 기술하시오. 독자들은 Fredric Rosen의 《The algebra of Mohammed ben Musa》를 참고해보자.

4. 지혜의 전당에 대하여 드미트리 구타스의 견해와 마이클 모건(김소희 옮김, 잃어버린 역사, 이슬람) 또는 Jonathan Lyons(The house of wisdom, Bloomsbury Press, 2009)의 견해를 1000자로 요약해 보자.

15 마방진

Keywords 최석정, 오일러, 마방진

제시문

최석정(1646-1715, 구수략)의 9차 Euler square는

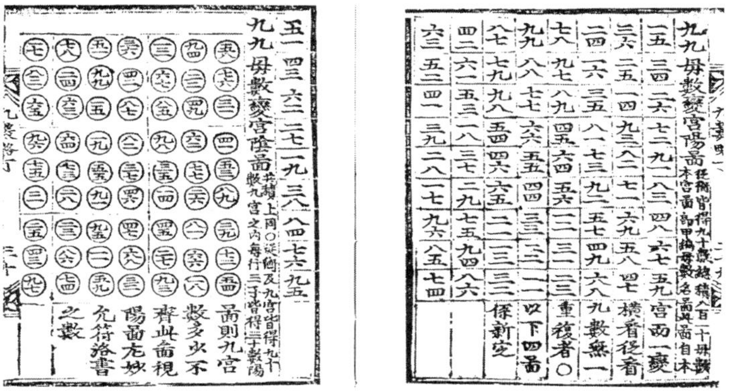

[그림 15-1] 최석정의 마방진

이다. 최석정은 수의 배치를 어떻게 하였는지 그 방법을 문헌에서 설명하지 않았다. 최석정의 9차 Euler square를 얻는 방법에 대해 추정해보자[1].

이를 위하여 오일러의 방법을 먼저 알아보자. 행렬 E 와 이에 대한 전치행렬 E^T 는 다음과 같다.

$$E = \begin{bmatrix} 3 & 4 & 5 & 1 & 2 \\ 2 & 3 & 4 & 5 & 1 \\ 1 & 2 & 3 & 4 & 5 \\ 5 & 1 & 2 & 3 & 4 \\ 4 & 5 & 1 & 2 & 3 \end{bmatrix}, \quad E^T = \begin{bmatrix} 3 & 2 & 1 & 5 & 4 \\ 4 & 3 & 2 & 1 & 5 \\ 5 & 4 & 3 & 2 & 1 \\ 1 & 5 & 4 & 3 & 2 \\ 2 & 1 & 5 & 4 & 3 \end{bmatrix}$$

1) K. Lih, A remarkable Euler square before Euler, Math. Mag. 83 (2010), 163-167.

한편, 크기가 5×5 인 치환행렬은 i 번째 column을 $6-i$ 번째 column으로 보내는 행렬을 말한다. 모양으로 보면 양의 기울기 대각선이 모두 1 인 행렬이다. 즉,

$$P_5 = [p_{i,j}]_{5\times5},\ p_{i,j} = \begin{cases} 1\ (j = n+1-i) \\ 0\ (otherwise) \end{cases}$$

이와 같이, 일반적인 크기 $n\times n$ 에 대한 치환행렬을 정의할 수 있고 이를 P_n 으로 표시하자. 이때, E^T 에 치환행렬 P_5 를 곱하면

$$F = E^T P_5 = \begin{bmatrix} 4 & 5 & 1 & 2 & 3 \\ 5 & 1 & 2 & 3 & 4 \\ 1 & 2 & 3 & 4 & 5 \\ 2 & 3 & 4 & 5 & 1 \\ 3 & 4 & 5 & 1 & 2 \end{bmatrix}$$

E 와 F 를 다음과 같이, 앞자리는 E 로부터, 그리고 다음 자리는 F 로부터 놓은 (juxtaposition) 행렬을 만들자. 즉,

$$E \circledcirc (E^T P_5) = \begin{vmatrix} 34 & 45 & 51 & 12 & 23 \\ 25 & 31 & 42 & 53 & 14 \\ 11 & 22 & 33 & 44 & 55 \\ 52 & 13 & 24 & 35 & 41 \\ 43 & 54 & 15 & 21 & 32 \end{vmatrix}.$$

행렬에서 사용한 5^2 개의 수가 모두 다르다는 것을 알 수 있다. 이때, 우리는 5차 Latin squares E, F 를 orthogonal이라 부르며 $E \circledcirc (E^T P_5)$ 를 5차 Graeco-Latin square 또는 Euler square라 부른다(Euler, 1776). 오일러의 의도는 $E \circledcirc (E^T P_5)$ 로부터

$$E \circledcirc (E^T P_3) \xrightarrow[canonical\ mapping]{(x,y) \mapsto 5(x-1)+y}$$

14	20	21	2	8
10	11	17	13	4
1	7	13	19	25
22	3	9	15	16
18	24	5	6	12

인 5차 magic square를 만드는데 있다. 이제 최석정이 구한 방법을 유추해 보자 (Ko-Wei Lih, 2010).

단계 1 $n \times n$ 행렬 A 에 대하여 $n^2 \times n^2$ 행렬 $A \otimes A$ 를 다음과 같이 정의하자.

$$A \otimes A = \begin{vmatrix} A_{11} & A_{12} & \dots & A_{1n} \\ A_{21} & A_{21} & \dots & A_{2n} \\ \dots & \dots & \dots & \dots \\ A_{n1} & A_{n2} & \dots & A_{nn} \end{vmatrix}_{n^2 \times n^2}, \quad A_{ij} = \begin{bmatrix} & \vdots & \\ \cdots & (a_{ij}, a_{st}) & \cdots \\ & \vdots & \end{bmatrix}_{n \times n} \quad (A_{ij}\text{의 s행, t열})$$

예를 들어 Latin square $A = \begin{bmatrix} 2 & 3 & 1 \\ 1 & 2 & 3 \\ 3 & 1 & 2 \end{bmatrix}$에 대하여

$$A \otimes A = \begin{bmatrix} (2,2) & (2,3) & (2,1) & (3,2) & (3,3) & (3,1) & (1,2) & (1,3) & (1,1) \\ (2.1) & (2,2) & (2,3) & (3,1) & (3,2) & (3,3) & (1,1) & (1,2) & (1,3) \\ (2,3) & (2,1) & (2,2) & (3,3) & (3,1) & (3,2) & (1,3) & (1,1) & (1,2) \\ (1,1) & (1,3) & (1,1) & (2,2) & (2,3) & (2,1) & (3,2) & (3,3) & (3,1) \\ (1.2) & (1,2) & (1,3) & (2,1) & (2,2) & (2,3) & (3,1) & (3,2) & (3,3) \\ (1,3) & (1,1) & (1,2) & (2,3) & (2,1) & (2,2) & (3,3) & (3,1) & (3,2) \\ (3,2) & (3,3) & (3,1) & (1,2) & (1,3) & (1,1) & (2,2) & (2,3) & (2,1) \\ (3,1) & (3,2) & (3,3) & (1,1) & (1,2) & (1,3) & (2,1) & (2,2) & (2,3) \\ (3,3) & (3,1) & (3,2) & (1,3) & (1,1) & (1,2) & (2,3) & (2,1) & (2,2) \end{bmatrix}_{9 \times 9}$$

최석정의 Latin square L 은 $A \otimes A \xrightarrow{(x,y) \mapsto 3(x-1)+y} L$,

$$L = \begin{bmatrix} 5 & 6 & 4 & 8 & 9 & 7 & 2 & 3 & 1 \\ 4 & 5 & 6 & 7 & 8 & 9 & 1 & 2 & 3 \\ 6 & 4 & 5 & 9 & 7 & 8 & 3 & 1 & 2 \\ 2 & 3 & 1 & 5 & 6 & 4 & 8 & 9 & 7 \\ 1 & 2 & 3 & 4 & 5 & 6 & 7 & 8 & 9 \\ 3 & 1 & 2 & 6 & 4 & 5 & 9 & 7 & 8 \\ 8 & 9 & 7 & 2 & 3 & 1 & 5 & 6 & 4 \\ 7 & 8 & 9 & 1 & 2 & 3 & 4 & 5 & 6 \\ 9 & 7 & 8 & 3 & 1 & 2 & 6 & 4 & 5 \end{bmatrix}$$

단계 2 $M = L\,P_9$ 라 하고 $C = L \odot M$ 이다.

$$C = \begin{bmatrix} 51 & 63 & 42 & 87 & 99 & 78 & 24 & 36 & 15 \\ 43 & 52 & 61 & 79 & 88 & 97 & 16 & 25 & 34 \\ 62 & 41 & 53 & 98 & 77 & 89 & 35 & 14 & 26 \\ 27 & 39 & 18 & 54 & 66 & 45 & 81 & 93 & 71 \\ 19 & 28 & 37 & 46 & 55 & 64 & 73 & 82 & 91 \\ 38 & 17 & 29 & 65 & 44 & 56 & 92 & 71 & 83 \\ 84 & 96 & 75 & 21 & 33 & 12 & 57 & 69 & 48 \\ 76 & 85 & 94 & 13 & 22 & 31 & 49 & 58 & 67 \\ 95 & 74 & 86 & 32 & 11 & 23 & 68 & 47 & 59 \end{bmatrix}$$

한편, 최석정의 9차 Euler square C로부터 9차 magic square를 만들 수 있다(Hong-Yeop, Song). 최석정의 9차 Euler square는 오일러의 5차 Euler square보다 대략 60년 정도 앞선다고 볼 수 있다.

논제 1 다음을 완성하시오.

$$L \odot M \xrightarrow[canonical\ \ mapping]{(x,y)\mapsto 9(x-1)+y}$$

논제 해설

$$L \odot M \xrightarrow[canonical\ \ mapping]{(x,y)\mapsto 9(x-1)+y}$$

37	48	29	70	81	62	13	24	5
30	38	46	63	71	79	6	14	22
47	28	39	80	61	72	23	4	15
16	27	8	40	51	32	64	75	56
9	17	25	33	41	49	57	65	73
26	7	18	50	31	42	74	55	66
67	78	59	10	21	2	43	54	35
60	68	76	3	11	19	36	44	52
77	58	69	20	1	12	53	34	45

글쓰기 주제 및 과제

1. 마방진 역사에 대하여 알아보고 이를 교안으로 작성해 보자.

16 현수교

Keywords 미분방정식, 현수선, 포물선, string art, star polygon

제시문

가 케이블의 최소 위치점을 $P_1 = (0, a)$라 하자. 임의의 점을 P_2라 하고, 두 점 P_1, P_2에서 접선으로 나타나는 장력(tension)을 T_1, T_2라 하자. W를 케이블 곡선 P_1P_2의 수직하중이라 하자. 편의상 벡터와 스칼라를 같이 쓰자(즉, $T_1 = |T_1|$).

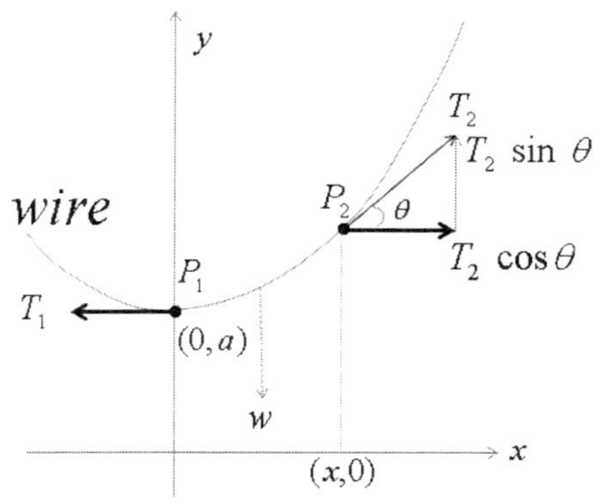

이때

$$T_1 = T_2\cos\theta,\ \ W = T_2\sin\theta \tag{16-1}$$

이고

$$\frac{dy}{dx} = \tan\theta = \frac{W}{T_1} \tag{16-2}$$

한편, $W = s\rho$ (여기서 s는 곡선 P_1P_2의 길이, ρ는 단위길이에 대한 무게)에서 곡선의 길이는 다음과 같다.

$$s = \int_0^x \sqrt{1+\left(\frac{dy}{dx}\right)^2}\, dx, \text{ 또는 } \frac{ds}{dx} = \sqrt{1+\left(\frac{dy}{dx}\right)^2}$$

따라서, 식

$$\frac{d^2y}{dx^2} = \frac{\rho}{T_1}\frac{ds}{dx} \text{ 또는 } \frac{d^2y}{dx^2} = \frac{\rho}{T_1}\sqrt{1+\left(\frac{dy}{dx}\right)^2}$$

을 얻는다. 방정식을 풀기 위하여 $u = y'$로 치환하면

$$\frac{du}{dx} = \frac{\rho}{T_1}\sqrt{1+u^2} \text{ 또는 } \frac{du}{\sqrt{1+u^2}} = \frac{\rho}{T_1}dx \text{ (변수분리형).}$$

따라서

$$\int \frac{du}{\sqrt{1+u^2}} = \frac{\rho}{T_1}\int dx \text{ 또는 } Sinh^{-1}u = \frac{\rho}{T_1}x + c_1 .$$

참고로 Eero Saarinen(1965)의 작품 〈The Gateway Arch〉는 다음 식에 의하여 제작되었다.

$$y = 211.49 - 20.96\cosh(0.03291765\,x),\ |x| < 91.20 \text{ (단위 : 미터).}$$

The Gate Way Arch, St. Louis
(Eero Saarinen, 1965)

```
>plot(211.49-20.96*cosh(0.03291765*x), (x=-91.20..91.20)
```

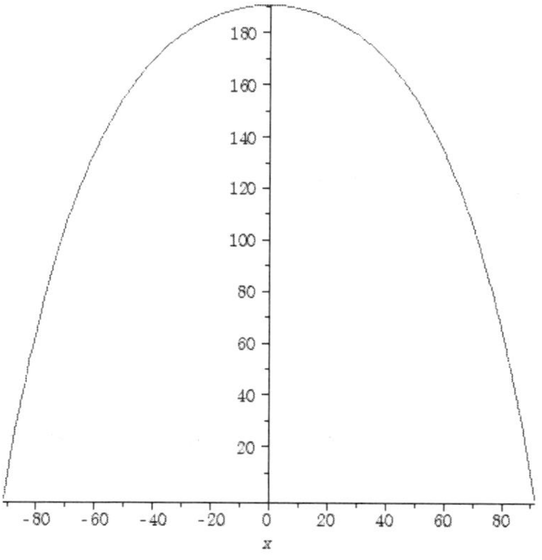

나 현수선에 어떤 조건을 주면 포물선(parabolic cable)이 되는가? 현수교인 George Washington Bridge를 가지고 알아보자[1].

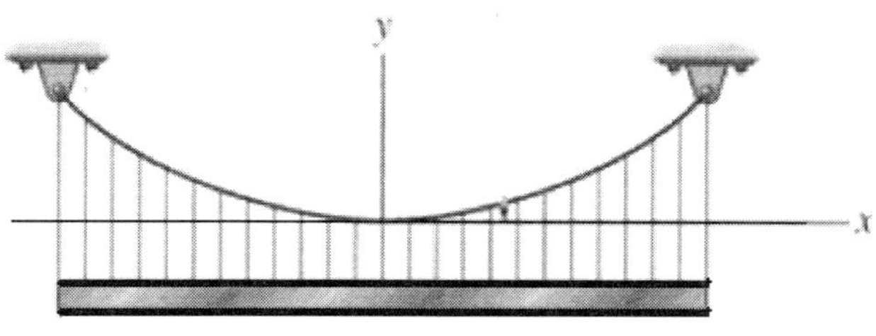

w = Load per unit length

위 그림에서 w를 단위 길이에 해당하는 하중이라 하자. 이때, 케이블의 무게는 무시된다. 식(16-2)에서

$$\frac{dy}{dx} = \frac{wx}{T_1}$$

이다. 조건 $y(0) = 0$에서 이차곡선(main cable)

---

1) J. Meriam and L. Kraige, Statics, 3rd. ed., John Wiley & Sons, 1993(p. 303)
A. Hahn, Basic calculus: From the Archimedes to Newton to its role in science, Springer, 1998(p. 257-265).

$y = \frac{w}{2T_1} x^2$이므로

$$y = \frac{327}{1750^2} x^2$$

을 얻는다. George Washington Bridge의 경우 $w = 11,750\ pounds/foot$, $h = 327 feet$ 이고 $d = 1,750 feet$이다.

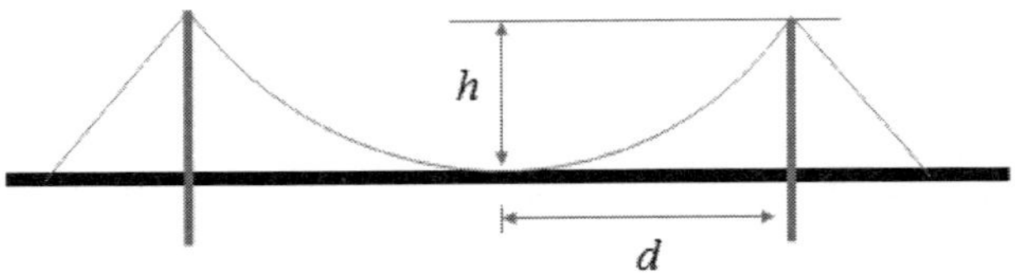

이차곡선 $y = \frac{w}{2T_1} x^2$는 점 (d, h)를 만족하므로 $h = \frac{w}{2T_1} d^2$이고, 그러므로

$$y = \frac{h}{d^2} x^2 = \frac{327}{1750^2} x^2$$

한편, 식(16-1)의 양변을 제곱하면

$$T_1^2 = T_2^2 \cos^2\theta,\ (wx)^2 = T_2^2 \sin^2\theta.$$

George Washington Bridge

따라서

$$T_1^{\ 2} + (wx)^2 = T_2^{\ 2}$$

또는

$$T_2 = \sqrt{T_1^{\ 2} + (wx)^2}.$$

이제 $T_1 = \dfrac{w}{2h} d^2$ 이므로 다음을 얻는다.

$$T_2 = \sqrt{\frac{w^2 d^4}{4h^2} + (wx)^2} = w\sqrt{\frac{d^4}{4h^2} + x^2} \quad (0 \le x \le d).$$

이차곡선(main cable)에서 장력이 최소인 곳은 $x = 0$이고 이때,

$$T_{x=0} = T_1 = \frac{1}{2}\frac{wd^2}{h} = \frac{1}{2}\frac{(11,750)(1750)^2}{327} \fallingdotseq 55,000,000 \ pounds$$

한편, 장력이 최대인 곳은 $x = d$ (즉, tower와 만나는 곳)이고 이때,

$$T_{x=d} = wd\sqrt{\left(\frac{d}{2h}\right)^2 + 1} = (11,750)(1,750)\sqrt{\left(\frac{1750}{2 \times 327}\right)^2 + 1}$$

$$\fallingdotseq 58,700,000 \ pounds.$$

다 다음 그림에서 합이 10이 되는 두 점을 연결하여 만들어지는 직선의 교점 수는 연속된 자연수의 합

$$1 + 2 + 3 + 4 + 5 + 6 + 7 + 8$$

이다. 수많은 직선들에 의하여 상단 부분에 만들어진 곡선이 어떤 곡선인지 알아보자.

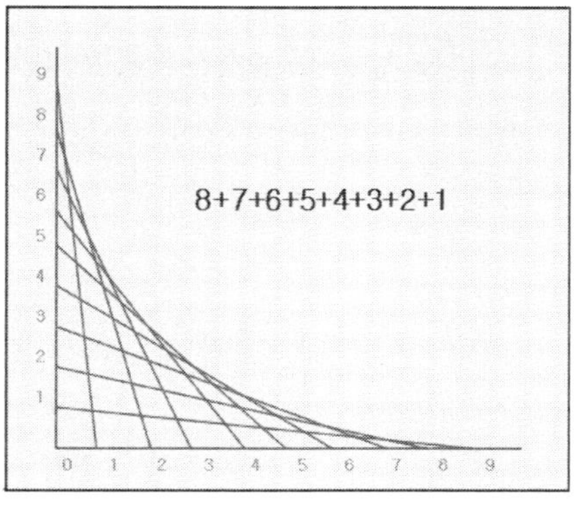

모델링 구간 [0,1]에서 angle design을 모델링해보자. x-축과 y-축의 교점의 합이 1이 되는 직선을 생각해 보자.

먼저 $\alpha \in [0,1]$에 대하여 x축 상의 점 (α, o)을 y축 상의 점 $(0, 1-\alpha)$에 연결한 직선을 l_α라 하자. 이때, 직선족(family) $\{l_\alpha \mid 0 \le \alpha \le 1\}$에 의하여 만들어지는 곡선을 C라 하자.

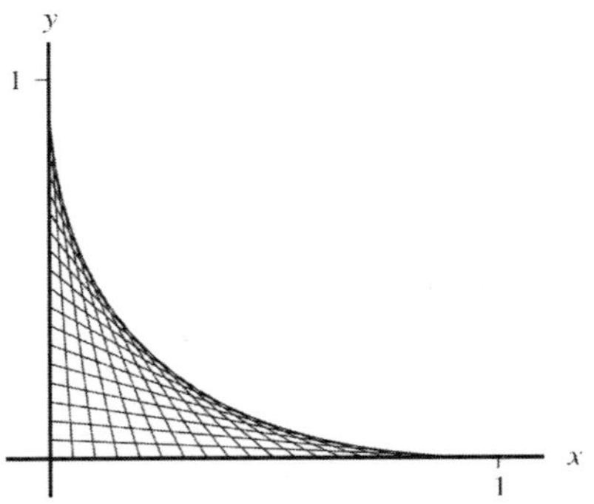

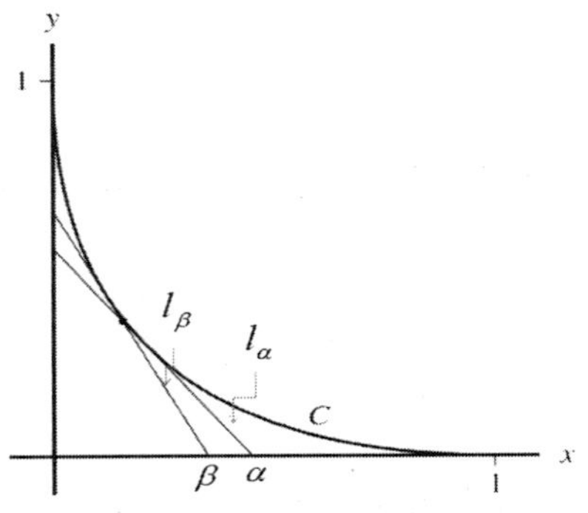

질문 C는 어떤 곡선일까?

이제 곡선 C의 방정식을 구해보자. 오른쪽 그림에서 $\alpha, \beta\ (\alpha \ne \beta)$에 대하여 서로 다른 두 직선 l_α, l_β가 결정되며 β를 $\beta \to \alpha$로 접근(limit)하면 두 직선 l_α, l_β의 교점은 곡선 C상으로 수렴 접근한다. 두 점 (α, o), $(0, 1-\alpha)$ [또는 (β, o), $(0, 1-\beta)$]을 지나는 직선의 방정식은 각각

$$l_\alpha : y = \frac{\alpha - 1}{\alpha}(x - \alpha),\ l_\beta : y = \frac{\beta - 1}{\beta}(x - \beta)$$

이므로 교점의 좌표는 $(\alpha\beta, (1-\alpha)(1-\beta))$이다. 이제, $\beta \to \alpha$로 접근하면 두 직선의 교점은 곡선 C상에 점

$$(\alpha^2, (1-\alpha)^2)$$

으로 수렴한다. 그러므로 곡선 C는

$$x = \alpha^2,\ y = (1-\alpha)^2\ (\text{여기서}\ \alpha \in [0,1])$$

으로 매개변수(parametrization)화 된다.

논제 1 초기 조건 $y'(0)=0$, $u(0)=0$과 $\sinh^{-1}(0)=0$을 사용하여

$$y=\frac{T_1}{\rho}\cosh\left(\frac{\rho}{T_1}x\right)+a-\frac{T_1}{\rho}$$

을 보여라.

논제 2 곡선 C는 포물선(parabola)인 일반이차형

$$q(x,y)=x^2+y^2-2xy-2x-2y+1$$

임을 보여라.

논제 3 합이 2가 되도록 하는 곡선을 모눈종이 위에 그려보자.

논제 해설

논제 1 초기 조건 $y'(0)=0$, $u(0)=0$과 $\sinh^{-1}(0)=0$을 사용하면 $c_1=0$을 얻으므로

$$Sinh^{-1}u=\frac{\rho}{T_1}x \quad \text{또는} \quad u=\frac{dy}{dx}=\sinh\left(\frac{\rho}{T_1}x\right)$$

이고, 따라서

$$y=\frac{T_1}{\rho}\cosh\left(\frac{\rho}{T_1}x\right)+c_2$$

이제, $y(0)=a$, $\cosh(0)=1$을 이용하면 $c_2=a-T_1/\rho$이고, 다음을 얻는다.

$$y=\frac{T_1}{\rho}\cosh\left(\frac{\rho}{T_1}x\right)+a-\frac{T_1}{\rho}.$$

논제 2 이제, α를 소거하면

$$\sqrt{x}+\sqrt{y}=1$$

이다[2]. 이제, 제곱근을 없앤 곡선 C를 표현하는 방정식

$$x^2+y^2-2xy-2x-2y+1=0$$

을 얻는다. 포물선(parabola)인 일반이차형

$$q(x,y)=x^2+y^2-2xy-2x-2y+1$$

의 그래프를 그려보자. 이토록 아름다운 포물선을 본적이 있는가?

```
>with(plots, implicitplot);
>implicitplot(x^2+y^2-2*x*y-2*x-2*y+1=0, x=0..5, y=0..5);
```

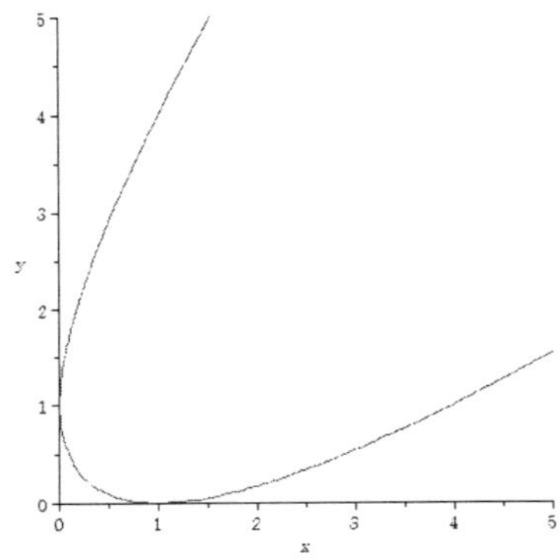

논제 3

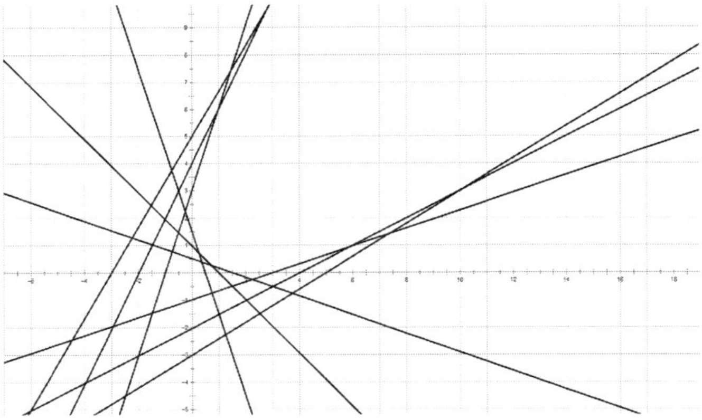

2) 곡선 $\sqrt{x}+\sqrt{y}=\sqrt{c}$ 상의 접선과 만나는 x축과 y축의 교점의 합은 항상 c임을 증명해 보자(J. Stewart, Calculus, 6th. ed., 2008, p. 241, 연습문제 42번).

글쓰기 주제 및 과제

1. 다음 자료를 사용하여 현수선($\cosh x = (e^{x} + e^{-x})/2$, catenary, hanging cable)의 역사를 1200자로 소개해 보자.

   마리오 리비오(김정은 역), 신은 수학자인가?, 열린과학, 2009(p. 184-187)

   E. Maor, e: the story of a number, Princeton, 2009 (p. 140-146)

   D. Zill and W. Wright, Engineering mathematics, 4th. ed., Jones and Bartlett, 2011(p. 180-181).

2. 논제 3은 $0.3 + 0.7 = 1$ 등과 같이 다양한 수의 덧셈과 뺄셈을 중학교 1학년 과정에서 지도할 수 있다. 이에 대한 교안을 작성해 보자. 또한, 축의 각도를 다양하게 하여 디자인 지도를 해보자.

3. 논제 3과 같이 직선을 사용할 디자인 지도로 별다각형(star polygon)을 들 수 있다. 이를 삼각수디자인이라 불러도 무방하다.

준비물	자, 컴퍼스, 색연필
주제	몫과 나머지, 별다각형, 삼각수, 현, 다각형의 성질
수학적 원리	① 자연수를 두 양의 정수의 합으로 표현해 보자. 예를 들어 5=1+4=2+3로 2가지이다. 이때, $n=5$일 때, 별다각형의 개수는 2이다. 즉, 두 수의 합의 경우의 수는 별다각형의 개수와 일치한다. ② 대각선의 개수는 삼각수를 만든다. ③ 동일한 현의 길이와 원(종이접기 원리로 연결)

정3각, 정4각형, 정6각형, ...에서 각 꼭짓점을 연결하여보자. 정삼각형에서 꼭짓점을 연결할 때, 3개의 선분이 생기고, 정사각형에서 꼭짓점을 연결할 때, 6개의 선분이 생기고, 그리고 정5각형에서는 10개의 선분이 생긴다. 즉, 삼각수 3, 6, 10, ... 등이 만들어진다.

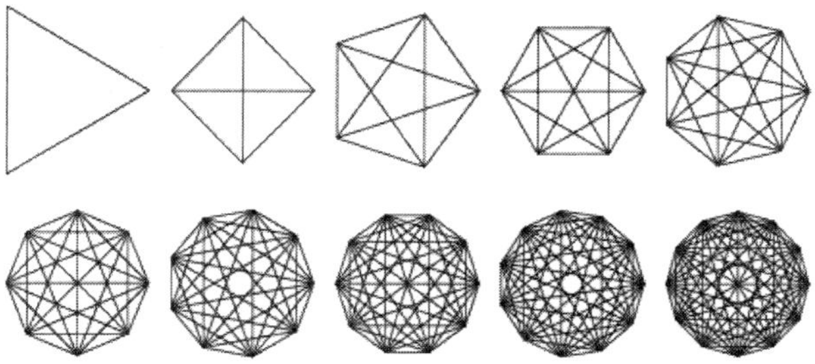

n각형의 대각선의 개수는 $\frac{n(n-3)}{2}$ 이다. 이웃한 꼭짓점을 연결한 선분의 개수는 $\frac{n(n-3)}{2}+n=\frac{n(n-1)}{2}$ 이다. 정25각형에서는 삼각수 T_{24}가 만들어진다. 이를 디자인으로 보면 다음과 같다(정준호 학생 작품).

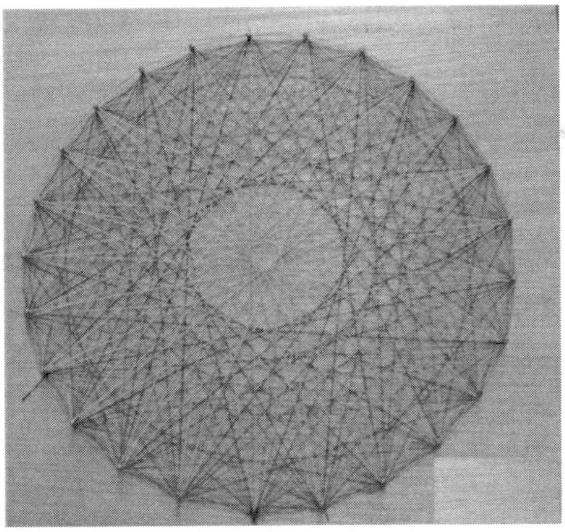

삼각수를 선택하여, 위와 같은 작품을 제작해보자.

한편, Inigo Jones가 해석한 Stonhenge를 $x+4(\mathrm{mod}12)$, $x=0,1,2,3$으로 해석하고 이를 중학생 지도를 위한 교안으로 만들어 보자.

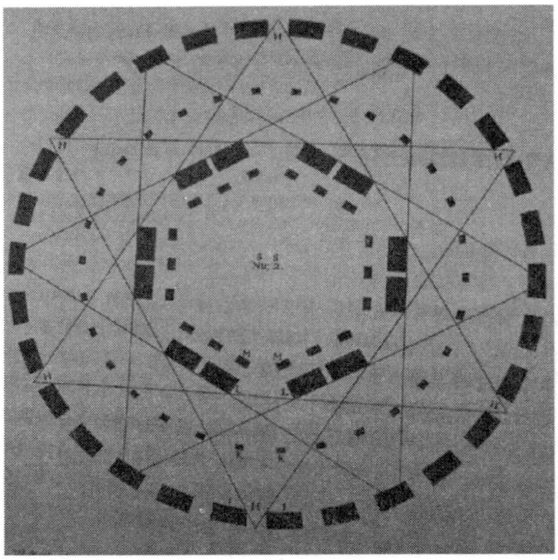

찾아보기

중등수학교육과
창의적 논술지도

지은이 박제남
펴낸이 조경희
펴낸곳 경문사
펴낸날 2017년 3월 2일 1판 1쇄
등 록 1979년 11월 9일 제313-1979-23호
주 소 04057, 서울특별시 마포구 와우산로 174
전 화 (02)332-2004 팩스 (02)336-5193
이메일 kyungmoon@kyungmoon.com
facebook facebook.com/kyungmoonsa

값 12,000원

ISBN 979-11-6073-042-5

★ 경문사 홈페이지에 오시면 즐거운 일이 생깁니다.
http://www.kyungmoon.com

한국과학기술출판협회 회원사